Tempo e Felicidade

Marília Pereira Bueno Millan

Tempo e Felicidade

Casa do Psicólogo®

1ª Edição
2011

Editores
Ingo Bernd Güntert e Juliana de Villemor A. Güntert

Assistente Editorial
Aparecida Ferraz da Silva

Capa
Rafaela Nogueira da Costa

Projeto Gráfico & Editoração Eletrônica
Sergio Gzeschenik

Produção Gráfica
Fabio Alves Melo

Preparação de Original
Lucas Torrisi Gomediano

Revisão
Flavia Okumura Bortolon

Dados Internacionais de Catalogação na Publicação (CIP)
(Câmara Brasileira do Livro, SP, Brasil)

Millan, Marília Pereira Bueno
    Tempo e felicidade / Marília Pereira Bueno Millan . -- 1. ed. -- São Paulo :
Casa do Psicólogo®, 2011.

    Bibliografia.
    ISBN 978-85-62553-24-0

    1. Conduta de vida 2. Comportamento humano 3. Entrevistas
4. Psicanálise 5. Tempo - Aspectos psicológicos 6. Vida I. Título.

10-04335   CDD-150.195

Índices para catálogo sistemático:
1. Vida e tempo : Reflexões psicanalíticas : Psicologia 150.195

Impresso no Brasil
Printed in Brazil

Reservados todos os direitos de publicação em língua portuguesa à

Casapsi Livraria e Editora Ltda.
Rua Santo Antônio, 1010
Jardim México • CEP 13253-400
Itatiba/SP – Brasil
Tel. Fax: (11) 4524-6997
www.casadopsicologo.com.br

Sumário

Agradecimentos

À Profª Dra. Ecléa Bosi, minha orientadora, que me conduziu de maneira admirável em meu percurso, com disponibilidade, sabedoria e afeto.

A Luiz Roberto Millan, que sempre me incentivou a seguir adiante na carreira acadêmica. Interlocutor permanente e leitor atento, ofereceu preciosas sugestões para a construção deste trabalho. Por seu amor, tolerância e inigualável generosidade.

À Laís Pereira Bueno Millan, filha querida, que tolerou minhas ausências, mas com a condição de que eu não faça outro trabalho como este nos próximos dois anos...

Aos meus pais, Zezé e Vasco, responsáveis por toda a minha formação, que me ensinaram a ter esperança e amor pela vida.

A meus irmãos, Laura e Vasco, pela amizade de todas as horas.

A todos os entrevistados, que tornaram possível esta pesquisa, pela sensível disposição em relatar experiências tão vivas e profundamente humanas.

À Profª Dra. Elisa Parahyba Campos, que promoveu o feliz encontro com a Profa. Ecléa Bosi.

À Akiko Kondo, que digitou este trabalho com rapidez e com sua usual competência.

À Profª Dra. Inez Sautchuk, pela acurada revisão de texto.

À Mariza Lopes Ribeiro, amiga que sempre me estimulou, pela leitura sensível dos originais.

Aos meus alunos, com quem reaprendo, a cada dia, a tarefa de ser aprendiz.

tempo e felicidade

Prefácio

Marília, após quase quarenta e oito horas de leitura de seu livro, escrevi algo que me soou academicamente pedante, pretensioso, inócuo e previsível: fruto de mais de cinquenta anos de suposta cientificidade. Ficaria sem sentido entre nós. Talvez servisse aos demais, mas preferi dizer que o tempo tem sido estudado sob os mais diversos aspectos. A própria autora, em sua obra anterior[1], incumbiu-se de um deles, discutindo do ponto de vista psicanalítico as relações tempo-sujeito no mundo contemporâneo, caracterizado pela hegemonia do capitalismo, pelo crescente uso da tecnologia e pela aceleração de todos os processos envolvidos na produção, comercialização, consumo e comunicação. Agora, de forma bastante original, com a simplicidade e capacidade de síntese que a caracteriza, traz-nos os resultados de um estudo psicossocial, levantado pela pergunta básica: como os novos tempos, com sua rapidez crescente, poderiam estar influenciando o *modus vivendi* das pessoas nesse início de século? A indagação traz em seu bojo a questão da velocidade como fator decisivo nas modificações da noção de nossas sensações atuais em relação ao tempo. A pesquisa é realizada em cidade de grande industrialização.

O encantamento intrigante com o tempo não a deixaria parar por aqui. Daí a certeza de que outras e mais outras produções científicas surgirão,

---

[1] Tempo e subjetividade no mundo contemporâneo – Ressonâncias na clínica psicanalítica, Casa do Psicólogo, 2002.

seja pela ótica psicossocial ou por outras abordagens. E, entre elas, por que não a investigação desses fatores referidos aplicados ao estudo de populações rurais?

O momento científico provoca a continuidade das investigações. A globalização e a infiltração das altas tecnologias em todos os setores determinam, sem dúvida, modificações humanísticas nas mais diversas populações.

A instigante originalidade deste trabalho nos leva a um passeio por todas as modificações que a modernidade nos traz, quase deixando uma "nostalgia" dos tempos antigos. A este velho que assina estas linhas foi, sem dúvida alguma, o passaporte para uma travessia pelo *déjà vu*, tão bem descrito por Drummond quando, referindo-se a uma pacata vida interiorana, termina de forma patética com a exclamação "Êta vida besta, meu Deus!" Simultaneamente nos expõe as feridas burguesas infligidas por um capitalismo selvagem. O enfoque tangencia o campo da fenomenologia existencial, trazendo à tona a "angústia de estar no mundo", e nos permite o "devaneio".

A angústia levantada nos faz entender o porquê do desenfreado uso das drogas estimulantes, alucinógenas e outras que tais... Mexe com a relação conformismo *versus* não conformismo.

A abordagem da autora continua a nos instigar: o estabelecimento definitivo da globalização e o avanço natural da velocidade permitida pelos novos recursos tecnológicos, criando uma "compressão dimensional dos sentimentos", poderiam chegar a nos levar ao "amor condensado", à "dor espremida" e, numa posição extrema, à "saudade do instante presente".

Evidentemente que a essa caricatura das "emoções condensadas" jamais poderíamos chegar, a não ser que nos transportássemos, com nosso lobo límbico, para outra esfera planetária. Só nos falta, na recente comunicação feita pelos norte-americanos da abertura dos segredos ufológicos, não encontrarmos os esperados ET's propriamente ditos, mas sim "humanos enlatados", frutos dessa incontida evolução tecnológica. Os três cérebros de MacLean, o homúnculo de Penfield e a pulverização do sistema neuro-hormonal, dariam lugar, também, à volta da "Barbarela" holllywoodiana.

Tempo e Felicidade

O amor assim executado, na simplicidade prosaica do roçar das mãos, decretaria o aparecimento da "mecânica afrodisíaca". Só nos restaria que o remanescente "pêndulo da história" nos remetesse de novo aos braços de Romeu e Julieta e outras pieguices mais.

Não, Dona Marília, ou melhor, Doutora Marília, ou, numa correção verdadeira, Professora Marília, livre-nos deste tormento. Cientista que é, venha demonstrar-nos que as emoções darwinianas continuam imutáveis, e, consequentemente, o sentido da vida inalteradamente afetivo.

Marília, o último prefácio que fiz para um colega não foi aceito. Não será surpresa, se o mesmo acontecer com este. Desejando, não permita sua publicação, mas não o jogue fora, guarde-o consigo: é a expressão mais livre, de quem, através do nosso Luiz, aprendeu a amá-la!

Seu livro é uma integração científica, continuação de uma expressão, entre tantas outras, que seja necessária para satisfazer seus intentos. Correto do ponto de vista metodológico, arguto em suas indagações e consequente em suas conclusões – belo exemplo de uma pesquisa qualitativa. Válido porque não esgota o assunto, mas sim levanta questões para novas pesquisas.

Parabéns!

Prof. Dr. Paulo Corrêa Vaz de Arruda

Introdução

Em outra oportunidade (Millan, 2002), fiz uma retrospectiva histórica sobre a noção de tempo em diversos campos do conhecimento humano e enfoquei também a experiência subjetiva do tempo em três casos clínicos, embasando-me na teoria psicanalítica. Discuti, então, as novas relações tempo-sujeito no mundo contemporâneo, caracterizado pela hegemonia do capitalismo, pelo crescente uso da tecnologia e pela aceleração de todos os processos envolvidos na produção, na comercialização, no consumo e na comunicação.

Ao fim daquele estudo, deixei algumas sementes para futuras pesquisas entre as quais a indagação de como as novas tecnologias, com sua rapidez crescente, poderiam estar influenciando o *modus vivendi* das pessoas neste início de século.

Partindo desta ideia, organizou-se a presente pesquisa, que pretende discutir as relações que se estabelecem entre sujeito e tempo no mundo atual, levando em conta a presença marcante do desenvolvimento tecnológico, desde o século passado até os dias de hoje.

Segundo Santos (2004), o interesse pela sociedade humana em processo de desenvolvimento remete, necessariamente, às suas realizações no espaço e no tempo. Para agir no mundo, os homens lançaram mão das técnicas que, através dos tempos, foram criando e desenvolvendo. Nesse sentido, as técnicas, por meio do trabalho, formam um traço de união entre espaço e tempo. Portanto, a técnica revela o momento histórico em que se vive.

No mundo atual, assistimos a um espetacular desenvolvimento tecnológico que vem alterando substancialmente as antigas referências de tempo e espaço, na medida em que se elege a velocidade como ícone máximo.

Processos e procedimentos nas mais diferentes áreas ocorrem com rapidez e precisão, deslocando o interesse dos meios para os fins. Os resultados são almejados com determinação e maior exigência. A quantidade superou a qualidade: preza-se mais o número produzido em um determinado intervalo de tempo, do que a natureza daquilo que se produziu.

Tornou-se rápido obter o que se pretende, desde a compra de um produto até o contato com alguém em um longínquo ponto do planeta. Entretanto, observa-se que a duração dos contatos humanos diminuiu, assim como a durabilidade dos produtos, cada vez mais descartáveis.

O apelo da mídia é o do consumo crescente de objetos, a partir de necessidades criadas para esse fim. A promessa subjacente é a do prazer imediato que remete ao fluxo intenso de repetidas e fugazes experiências.

As produções artísticas, por sua vez, parecem acompanhar esse mesmo ritmo: a música eletrônica, produzida por computador, dispensa a criatividade; as instalações da arte contemporânea denunciam o *nonsense* e o vazio; a novela transforma-se em *"reality show"*, esvaziando trama e sentido. Toda a produção de imagens supera a palavra com uma profusão de sensações em detrimento do pensar reflexivo.

Nesse sentido, pode-se configurar um panorama de vida pós-moderna gerida pela velocidade, pela volatilidade e pelo predomínio da sensorialidade nas experiências humanas.

Decorre daí a indagação a respeito de como pessoas de diferentes idades e sexos vivem o (seu) tempo; quais são seus anseios; como se relacionam com o passado, com o momento atual e com o futuro; como lidam com os avanços tecnológicos; de que maneira regem o trabalho e o lazer; quais acontecimentos consideram marcantes em suas vidas.

A ideia que se foi constituindo como possibilidade de pesquisa apontava na direção de um estudo qualitativo que pudesse abranger a profundidade da experiência de cada sujeito com o tempo. A natureza mesma do objeto de estudo (tempo) demanda uma abordagem que preze a singularidade da voz de cada sujeito da pesquisa.

Por esta razão a entrevista semidirigida foi escolhida como instrumento fundamental, por propiciar uma incursão, ainda que breve, à história dos entrevistados. A intenção não é, em absoluto, quantificar resultados, mas analisar a experiência viva individual, a fim de comparar e, se possível, reconhecer um fio comum que possa ajudar a tecer a história social de nosso tempo. As questões propostas são abertas e pretenderam mobilizar os sujeitos a falar, associando ideias, recuperando memórias e refletindo sobre o seu tempo.

Todo o material das entrevistas foi obtido pela gravação de conversas em ambiente do entrevistado (casa ou trabalho), em um clima amistoso e sutilmente próximo. As transcrições foram feitas com pequenos ajustes na passagem da linguagem oral para a escrita, com o cuidado de manter a originalidade do conteúdo e do estilo de cada sujeito. Todos concordaram com a utilização e publicação de seu material para a construção deste trabalho.

O formato deste estudo é, de certa forma, peculiar, pois não faço uma abordagem teórica inicial, parto diretamente para a apresentação da metodologia, depois organizo os resultados das entrevistas com breves comentários; em seguida, analiso e discuto o material, utilizando a contribuição de autores escolhidos, e, por fim, concluo o trabalho.

Considero que a teoria está entrelaçada ao material das entrevistas e, portanto, não faria sentido dissociá-la e tecer um texto somente teórico. Além disso, nosso trabalho anterior (Millan, 2002) já apresentou extensa pesquisa bibliográfica sobre o tema do tempo.

O discurso dos entrevistados permitiu conexões com as obras de Ecléa Bosi, Simone Weil, Jean Baudrillard, entre outros. Um diálogo fecundo foi-se estabelecendo, em um movimento dialético de compreensão e aprofundamento.

Não pretendo testar nenhuma hipótese levantada *a priori*, mas sim conhecer o modo de relação de um grupo de pessoas com o tempo nos dias de hoje, em que os avanços tecnológicos imprimiram um ritmo acelerado aos processos e procedimentos da vida cotidiana. Desta feita, faço uma leitura

do material de um ponto de vista psicossocial e sob uma perspectiva histórica e cultural. Não utilizo, portanto, o referencial psicanalítico que serviu de base para meu estudo anterior.

Finalmente, é importante ressaltar que não escrevo um trabalho sobre o tempo, mas sim sobre a relação vivida por determinadas pessoas com o tempo vivo de suas histórias.

Os Entrevistados

A proposta deste trabalho não foi estudar uma amostra que pudesse ser considerada significativa em termos de generalização para uma dada população.

Pretendia compreender como um determinado grupo de pessoas vive o tempo nos dias de hoje. Se por ventura tivesse escolhido outros depoentes, provavelmente obteria respostas diversas. É oportuno, portanto, considerar por que foram escolhidos estes sujeitos e não quaisquer outros.

O primeiro critério foi a disponibilidade de cada um deles para participar da pesquisa. Foi fundamental perceber, além da aquiescência, o desejo verdadeiro de conversar sobre suas vidas. A ausência de interesse, de vontade e de vínculo poderia tornar os resultados superficiais e empobrecidos.

O segundo critério foram as breves, porém significativas, informações sobre cada um dos sujeitos. Optei por aqueles que pareciam ter, aos meus olhos ou aos de quem os indicou, sensibilidade, autenticidade, contato com a própria subjetividade e interesse pelo tema proposto.

Como terceiro critério de escolha considerei o fato de as pessoas me serem relativamente próximas e acessíveis, facilitando os encontros, tanto do ponto de vista geográfico quanto das afinidades socioculturais.

É importante observar que toda escolha de amostra é arbitrária, na medida em que o pesquisador opta por determinado segmento da população de acordo com seus objetivos de estudo.

Portanto, esta pesquisa não foge à regra e, como não há utilização de metodologia quantitativa, a seleção dos sujeitos não seguiu os ditames da amostragem probabilista ou aleatória (Marconi & Lakatos, 1999). Ou seja, foi realizada uma escolha intencional de determinados elementos da população, que não podem ser considerados representativos da mesma.

Para compreender a singularidade de cada entrevista, é necessário conhecer o ambiente e as condições específicas em que cada uma ocorreu.

Apresentarei a seguir as impressões deixadas por cada um dos sujeitos, desde o primeiro contato telefônico até o encerramento da entrevista. Tal relato é permeado pela descrição do espaço em que ocorreu o encontro e da postura do entrevistado frente à situação de pesquisa*.

O texto que se segue é resultado do trabalho de minha memória após cada encontro, ou seja, não foram feitas anotações no momento da entrevista sobre estes tópicos.

LÍGIA – 46 ANOS, ARQUITETA

Lígia foi-me apresentada por uma conhecida em comum que, sabendo da pesquisa, gentilmente se dispôs a fazer o contato. Já informada sobre o tema do trabalho, Lígia demonstrou interesse e disponibilidade para conversarmos.

Marcamos um horário para o dia seguinte, e ela manifestou sua preferência por ser entrevistada em seu local de trabalho: uma pequena loja de roupas masculinas situada em uma simpática galeria no centro de Ilhabela.

A entrevista ocorreu em um pátio interno da referida galeria, ao ar livre, em um banco de jardim. Algumas pessoas circulavam pelo local, entrando e saindo das lojas ao redor. O espaço público parecia em nada alterar o tom intimista do relato da entrevistada. Durante mais de uma hora permanecemos absortas, imersas nas experiências (re)vividas por Lígia.

---

* Os nomes dos sujeitos são fictícios. Todos assinaram o Termo de Consentimento Livre e Esclarecido, autorizando a publicação de seus depoimentos.

tempo e felicidade

O vozerio, o canto dos pássaros e o leve soprar do vento davam contorno às reflexões tecidas pela depoente. Na maior parte do tempo, o cenário desaparecia e somente a cena parecia existir, ou seja, a figura destacava-se totalmente do fundo, permanecendo em plena suspensão.

A postura de Lígia foi, desde o início, de ativa disposição, como se há tempos estivesse esperando pela oportunidade de falar sobre sua vida. Parecia convicta da importância do seu relato, sem, no entanto, apresentar qualquer sinal de prepotência. Trata-se aqui da importância inerente a dar voz à própria história, como confirmação e revelação de sua realidade existencial.

Muito da necessidade de falar de Lígia parecia estar relacionada à mudança recente de São Paulo para Ilhabela. Foi um rompimento radical com o *modus vivendi* da grande metrópole: trabalho em uma grande empresa, trânsito, falta de tempo para os amigos... Em contraposição, foi ao encontro da vida pacata em um pequeno lugarejo do litoral paulista, onde abriu uma loja juntamente com o marido e reorganizou drasticamente o seu cotidiano. Naquele momento, havia poucos meses que tal mudança ocorrera, o que ainda demandava elaboração.

Foi muito interessante compartilhar com ela sua angústia de ter o tempo ao seu dispor e nem sempre saber o que fazer com ele. A correria da cidade grande imprime um ritmo tal que, perdê-lo subitamente, pode ser desestruturante. A perda da referência tempo-espacial requer a reformulação da própria identidade que estava ancorada em lugares conhecidos e em tempos previstos.

Lígia buscava, naquele momento, enumerar as vantagens de sua migração, num esforço contínuo de confirmar que fizera a escolha certa.

Em alguns momentos, foi necessário reconduzir a entrevista para o tema central, à medida que Lígia fazia associações, rememorando várias fases de sua vida.

A entrevista transcorreu de forma tranquila e ao mesmo tempo intensa. Pequenas interrupções ocorreram para ajustes do microfone e para rápidos cumprimentos de pessoas conhecidas de Lígia que passavam pelo local. A passagem do tempo foi marcada pelo fim da fita de gravação que nos surpreendeu a ambas, tal era a concentração no diálogo que ali se desenrolava.

Marília Pereira Bueno Millan

Foi necessário que eu de fato encerrasse a entrevista, pois o prazer e a necessidade de falar de Lígia a teriam conduzido a outras tantas considerações. Despedimo-nos afetuosamente, gratas pelo falar e pelo ouvir.

MARTA – 39 ANOS, PEDAGOGA

O contato com Marta foi feito através de uma colega psicóloga que, tendo conhecimento da pesquisa, insistiu muito para que a entrevista fosse feita com ela, pois considerava tratar-se de uma pessoa que vivia pressionada pelo tempo em função de sua vida profissional e pessoal.

Quando falamos pelo telefone, percebi que sua disponibilidade estava, a princípio, atrelada à consideração que nutria por sua amiga. Demonstrou uma sutil resistência, questionando a duração da entrevista e estabelecendo seu local de trabalho como única opção para o nosso encontro.

Marta trabalhava na administração de uma clínica médica que contava com profissionais de várias especialidades e, entre eles, o seu marido. Aguardei alguns minutos na sala de espera repleta de pacientes, um ambiente mais funcional do que acolhedor.

Depois de conversar por alguns instantes com as recepcionistas, Marta aproximou-se, cumprimentou-me, e gentilmente conduziu-me à sua sala. Era um pequeno espaço com uma mesa sobre a qual havia telefone, computador e alguns papéis. Notava-se em um dos cantos a foto de seus dois filhos e, na parede, um quadro com motivos infantis. Do lado oposto à porta, havia uma janela que banhava a sala com a luz do meio da tarde. Os sons que ali chegavam provinham do trânsito da rua e das casas vizinhas.

Sentei-me em uma cadeira em frente à Marta, estando a mesa entre nós duas. Conversamos um pouco sobre assuntos corriqueiros, aproveitando a referência de nossa amiga em comum. Quase que instantaneamente aquela leve resistência apresentada no primeiro contato dissipou-se. O tom da entrevista foi cordial e, aos poucos, Marta foi subjetivando seu relato, ou seja, foi rememorando sua vida e compartilhando comigo suas experiências emocionais. É relevante pontuar que o fato de eu ser também psicoterapeuta parece ter tido um efeito importante sobre Marta, na medida em que, em alguns momentos, o clima da entrevista assemelhou-se a uma sessão terapêutica.

A entrevistada parecia surpresa por ter contado experiências tão pessoais, e sugeriu que eu, com minha postura de terapeuta, havia conseguido mobilizá-la. Talvez, de certa forma, ela tivesse razão, porque, sendo esta a segunda entrevista, eu provavelmente ainda estava bastante investida de meu papel de psicoterapeuta que diariamente exerço. A condução da entrevista ficou um tanto solta, quase como se fosse uma entrevista clínica não dirigida, cujo campo é configurado, sobretudo, pelo entrevistado.

Apesar disso, foi possível obter as respostas referentes ao roteiro básico da entrevista e, sem dúvida, esta situação de pesquisa ensinou muito a respeito da postura de um entrevistador.

Durante pouco mais de uma hora, Marta falou dos tempos de sua vida, aproveitando para explicitar suas insatisfações então presentes e suas perspectivas de realização no futuro.

À medida que o relato transcorria, o ambiente de trabalho foi dando lugar àquilo que estava vinculado ao seu mundo pessoal. A fotografia de seus filhos era tomada como referência de sua própria história e ganhou espaço entre os objetos impessoais (computador, telefone etc.).

Percebi que a oportunidade de contar sua história teve um efeito catártico e também suscitou indagações sobre os rumos de sua vida. Soube depois, por intermédio da pessoa que nos apresentou, que a entrevista havia impressionado Marta profundamente, sobretudo no sentido de ter podido falar sobre si mesma de maneira tão intensa e verdadeira.

Fomos brevemente interrompidas duas vezes por uma das recepcionistas, o que pareceu não interferir negativamente no desenrolar da entrevista.

Quando encerrei, a entrevistada demonstrou um misto de alívio, gratidão e também surpresa diante da passagem rápida do tempo transcorrido.

Sara – 84 anos, médica

Conhecia Sara de vista havia já algum tempo, pois éramos colegas em uma aula de ginástica. Nutria por ela uma certa admiração, por vê-la esforçar-se para participar das atividades propostas.

Certo dia, diante de uma inusitada mudança ocorrida na condução das aulas, iniciou-se o diálogo entre os membros do grupo que antes apenas cumprimentavam-se. Sara, então, começou espontaneamente a falar sobre sua história, o que mobilizou meu interesse e desejo de conhecer aquele universo de experiências tão marcantes.

Contei-lhe sobre o meu trabalho e convidei-a para fazer a entrevista. Ela logo aceitou, dizendo, porém, que não entendia nada de psicologia e que, portanto, não sabia se atenderia às minhas expectativas. Disse-lhe que o meu interesse recaía sobre algo que só ela tinha conhecimento: o relato de seus tempos vividos. Marcamos, assim, o dia e o horário de nosso encontro que ocorreria em sua casa.

Sara morava em um pequeno apartamento no bairro de Higienópolis. Logo que cheguei, ela foi-me mostrando cada cômodo, detendo-se diante dos porta-retratos e de diversas tapeçarias espalhadas pelas paredes do apartamento. As tapeçarias, feitas por ela, reproduziam cenas características da cultura de cada país pelo qual Sara havia passado. Percebi que ela orgulhava-se daquelas peças que representavam períodos significativos de sua vida, rememorados com profunda nostalgia. As fotos de seu marido já falecido provocavam intensa emoção, acompanhada de frases entrecortadas de amor e pesar.

Descreveu-me sua rotina diária, expressando com simplicidade seu apreço pela música clássica, pela leitura dos inúmeros livros dispostos em altas estantes e, sobretudo, por aquele espaço onde vinha vivendo havia mais de trinta anos. Ressaltou várias vezes o desejo de ali permanecer até a sua morte, e o temor de que sua única filha, temendo por sua saúde, a levasse para morar com ela.

Sentamo-nos, então, em sua sala de visitas onde havia dois pequenos sofás com uma mesa de centro entre eles. Os móveis eram sóbrios e antigos, os mesmos desde que viera morar ali. Do lado esquerdo havia uma mesa redonda com quatro cadeiras e do direito, uma porta-janela que dava para uma pequena varanda na qual Sara costumava sentar-se durante várias horas para ler seus livros. O ambiente era simples e aconchegante, impregnado de história e vida. Sobre a mesa de centro havia uma bandeja com suco e salgadinhos que Sara tinha preparado para me receber. Aquela visita parecia ser para ela um grande acontecimento, na medida em que já dissera ser avessa a frequentes contatos sociais e prezar muito sua privacidade e solidão. Conhecendo, desde o primeiro momento, sua autenticidade e transparência, tive certeza de que se eu estava ali era porque Sara assim o desejara, não tinha, àquela altura de sua vida, motivos para fazer qualquer concessão ou para agradar alguém em detrimento de sua vontade.

Preparamos o gravador e, na verdade, só continuamos a conversa que havíamos começado desde que eu ali chegara.

Apesar de já morar há muitos anos no Brasil, ela ainda apresentava um sotaque carregado e alguma dificuldade para formular determinadas frases. A entrevista transcorreu num clima animado de rememoração e, em alguns momentos, de pungente emoção. Permaneci profundamente atenta ao relato daquela mulher que parecia ter aproveitado cada instante de sua vida para aprender a formular ideias plenas de sabedoria. Algumas vezes, divagava sendo levada por lembranças amigas, mas, via de regra, voltava, perguntando-me o que mais eu queria saber.

Só fomos interrompidas brevemente pela necessidade de arrumar o microfone e de trocar a fita do gravador, além da presença bem-vinda de pardais que vinham matar a sede nos bebedouros estrategicamente colocados no pequeno terraço que dali se avistava.

Ficamos juntas durante uma hora e meia que pareceu passar muito rapidamente. Este encontro com Sara foi muito rico, mas a transcrição de seu relato não conseguiu revelar tal riqueza, talvez por sua dificuldade de expressão oral que, no contato direto, foi compensada pela expressão facial e corporal, além do próprio espaço físico que serviu de cenário para toda a conversa.

Encerramos a entrevista gratas pela oportunidade daquele encontro. A partir dali, uma amizade iniciou-se, com troca de livros e revistas, telefonemas e encontros, ainda que breves.

ALICE – 34 ANOS, PUBLICITÁRIA

Conheci Alice em um curso de pós-graduação que ambas frequentávamos.

Conversamos algumas vezes, e sua simpatia e vivacidade eram cativantes. Ela tinha acabado de defender sua dissertação de mestrado e pretendia obter um emprego em sua área. Contei-lhe sobre meu trabalho e propus-lhe que participasse da pesquisa, ao que ela aquiesceu. A cumplicidade de pesquisadoras logo se estabeleceu e combinamos que eu a procuraria oportunamente. Findo o curso, depois de cerca de dois meses, recebi um *e-mail* de Alice perguntando se eu havia-me esquecido dela, se não a ia chamar para a entrevista. Respondi-lhe que alguns contratempos haviam impedido-me de contatá-la, mas que, sem dúvida, estava contando com ela como sujeito da pesquisa. Marcamos, então, um encontro em sua casa e ela fez questão de me convidar para o almoço.

Compareci no dia preestabelecido e, por uma confusão de horário de minha parte, cheguei cerca de meia hora antes, sendo então gentilmente recebida por sua empregada. Alice morava em uma pequena casa térrea no bairro de Butantã. Na entrada, havia uma sala de visitas com um sofá, uma poltrona e uma mesinha de centro. À frente, havia uma televisão colocada em uma estante com alguns livros e objetos. Ao lado do sofá, havia uma mesa com porta-retratos de sua família. O ambiente era simples e indicava a presença de crianças na casa – objetos e motivos infantis. Em frente ao sofá, havia uma porta que conduzia aos outros cômodos da casa: uma cozinha espaçosa, dois quartos e um banheiro. Na parte de trás havia um pequeno quintal onde permanecia a simpática cadela da família.

Quando Alice chegou, surpreendeu-se com a minha presença já em sua casa. Desculpei-me pelo mal entendido e logo começamos a conversar sobre sua busca por trabalho. Contou-me da dificuldade que enfrentava para encontrar vaga junto a uma ONG (Organização Não Governamental) que trabalhasse com preservação ambiental, seu principal interesse naquele momento. Parecia decepcionada e entristecida com a falta de atenção com que fora recebida em várias organizações.

O almoço foi servido na cozinha onde havia uma mesa retangular com quatro lugares. Ali Alice falou sobre sua vida pessoal, suas dificuldades emocionais, seus hábitos e sua psicoterapia. Referiu-se à sua infância, à intensa relação com sua mãe, já falecida, à vida com seu marido e filhos.

Parecia preocupada com minha opinião como psicóloga a respeito de algumas de suas atitudes que, a seu ver, eram sinais de psicopatologia. Procurei manter uma postura amistosa, abstendo-me de proferir qualquer opinião, mesmo porque não estava ali com este objetivo e seria pouco ético de minha parte.

Quando terminamos o almoço, voltamos para a sala de visitas e nos preparamos para iniciar a entrevista. Observei que a fita que havia levado já estava gravada e que, portanto, necessitava de uma nova. Saímos juntas e percorremos duas ou três lojas do bairro até encontrar uma fita gravável. Retornamos e, finalmente, pudemos começar a entrevista.

Alice mostrou-se bem-humorada e disponível o tempo todo, procurando atender prontamente às minhas demandas. Houve, no entanto, uma sensível mudança em sua postura durante a entrevista: procurou ser objetiva em suas respostas, manifestando poucas emoções e deixando de lado quaisquer divagações. Tal comportamento era, provavelmente resultado de sua própria visão de como deveria agir um entrevistado em uma investigação científica.

De minha parte, flagrei-me insistindo em algumas perguntas, com a clara intenção de que a entrevistada desenvolvesse mais o assunto e permitisse que seus sentimentos aflorassem. Tenho dúvidas se tive sucesso, pois Alice estava imbuída da missão de cumprir adequadamente a função de entrevistada, e seguiu adiante, abstendo-se de expor seus sentimentos mais profundos.

Ao encerrarmos a entrevista, surpreendeu-se por não ter mencionado o nascimento de seus filhos como um dos principais acontecimentos de sua vida. Pediu-me que religasse o gravador para que pudesse corrigir tal lapso. Talvez aqui tenha escapado parte do controle que tentara exercer durante a entrevista.

Marília Pereira Bueno Millan

Despedimo-nos afetuosamente e mantivemos contatos esparsos subsequentemente, por *e-mail* ou telefone.

VERA – 81 ANOS, DONA DE CASA

A pessoa que sugeriu Vera como sujeito para a minha pesquisa falou muito bem dela: era ativa, bem informada e jovem de espírito. Quando lhe telefonei, ela demonstrou disponibilidade para participar e alguma dúvida quanto à possibilidade de ser realmente útil para o trabalho. Foi simpática e disse que tinha o tempo todo livre. Marcamos um horário em sua casa, e lá compareci pontualmente.

Vera mora em um amplo apartamento no bairro de Higienópolis.

Fui recebida na sala de visitas onde havia dois sofás, um perpendicular ao outro, e mais duas poltronas, uma em frente a cada sofá. No centro havia uma mesa baixa com alguns objetos de decoração e uma bandeja com pães de queijo e café.

Sentamo-nos confortavelmente cada uma em um sofá e Vera foi logo se desculpando pela falta de cortinas (em que, a bem da verdade, eu havia sequer reparado), pois mandara fazer novas. A partir de então, pude observá-la melhor. Tratava-se de uma senhora bem arrumada, cuidadosamente vestida e com uma postura corporal firme para sua idade.

Conversamos um pouco sobre seu apartamento, sobre o bairro de Higienópolis e sobre sua permanência ali, apesar de só restarem ela e o marido naquele grande apartamento. Afirmou que estava tão habituada àquele espaço, às ruas, à feira ali tão próxima que, àquela altura, era impensável mudar-se dali. Cada detalhe das ruas do bairro eram referências importantes para ela nesta fase de sua vida. Além disso, tinha suas atividades por perto: a feira, o parque onde fazia ginástica duas vezes por semana, o *shopping center* onde assistia habitualmente a sessões de cinema.

Depois desse breve aquecimento, retomei o tema da entrevista e nos preparamos para iniciá-la com o uso do gravador, ao que ela aquiesceu sem restrições. Durante todo o tempo, mostrava-se disposta, interessada e

tempo e felicidade

satisfeita por estar sendo ouvida. Recordava-se com nostalgia e emoção de cada momento de sua vida, expressando a satisfação de ter cumprido o que lhe coube da melhor maneira possível. Dedicou-se com afinco à criação de seus quatro filhos, tendo claro para si que havia sido recompensada, pois todos estavam bem do ponto de vista emocional e material.

Dona de uma sutil consciência crítica, mostrou-se preocupada com o bem comum e com os rumos pouco promissores das políticas mundiais.

Em alguns momentos, pareceu lamentar já ter uma idade avançada e todas as pequenas rugas marcando o seu rosto. A vaidade e o desejo de viver mais se revelavam em lamento e tristeza pela passagem inefável do tempo.

Sua voz, no entanto, era firme e clara, transmitindo a vontade de expressar com fidedignidade suas mais profundas experiências de vida.

Foi possível observar que, por alguns instantes, a memória demorava a fornecer-lhe o material que buscava, resultando em silêncios plenos de busca, por vezes angustiada. Fiquei tentada a tranquilizá-la, demovendo-a da ideia de ser tão precisa. Felizmente lembrei-me dos ensinamentos de Bosi (2003), para quem os silêncios configuram-se em verdadeiros trabalhos de memória para os idosos.

Ao final da entrevista, tive a impressão de que Vera havia gostado de conversar e que estaria disposta a novas conversas. Tomamos, então, um saboroso café com pãezinhos de queijo comprados por seu marido, que, ao saber de minha visita, fizera questão de providenciá-los. Não cheguei a conhecê-lo, pois, segundo Vera, passava seus dias entretido com seus livros e escritos.

Despedimo-nos com carinho e gratidão. Comprometi-me a encontrá-la um dia qualquer nas aulas de ginástica na praça. Ela, por sua vez, convidou-me para novas conversas, tão logo pudesse.

Passados alguns dias, falamo-nos por telefone, ela agradecia o livro que eu havia deixado para ela. Disse-me que apreciara a dedicatória em que eu havia feito referência à sua jovialidade e sabedoria. Não havia qualquer exagero em minhas palavras – ela soubera aproveitar o seu tempo.

ANDRÉ – 41 ANOS, EXECUTIVO

Conheci André de maneira *sui generis*: através de sua arte. Tive o privilégio de ganhar, anos atrás, um belíssimo quadro seu pintado a acrílico. É uma explosão de cores retratando uma paisagem repleta de flores.

A mesma pessoa que me presenteara sugeriu-me seu nome para participar da pesquisa. Fiquei entusiasmada, pois admirava sua arte e tinha curiosidade de conhecê-lo pessoalmente. Quando lhe telefonei, percebi, de imediato, sua grande simpatia e desejo de conversar sobre o tempo. Marcamos um horário de acordo, principalmente, com sua disponibilidade já que, como executivo de uma grande empresa, vivia bastante ocupado.

Cheguei ao edifício de seu escritório alguns minutos antes do horário combinado. Era um desses prédios modernos, com um grande *hall* de entrada todo em granito, um balcão ao fundo com duas recepcionistas que me cumprimentaram impessoal e automaticamente. Quando me identifiquei, uma delas interfonou para o andar de André e, não obtendo resposta, instruiu-me a permanecer ali até que alguém do andar chegasse. Como não havia nenhum assento, fiquei em pé observando a chegada dos funcionários. Depois de alguns instantes, André aproximou-se e disse à recepcionista que me estava aguardando. Imediatamente apresentei-me, e ele prontamente me conduziu para a entrada dos elevadores. No caminho, desculpou-se pelo atraso dizendo que havia pego trânsito na volta do colégio de seus filhos. Fazia questão de levá-los todos os dias, pois era uma oportunidade a mais de convivência.

Fomos conversando sobre seus filhos, o colégio, a adolescência, a vida em São Paulo, até entrarmos em uma pequena sala, sem janelas, onde havia uma mesa redonda com cadeiras em volta. Sentamo-nos frente a frente e nos preparamos para começar a entrevista.

O ambiente era árido, não havia nem quadros nas paredes e nem objetos sobre os móveis. Até chegarmos a esta pequena sala de reuniões, passamos por outros ambientes igualmente empobrecidos e impessoais. Havia um enorme ambiente repleto de baias (mesas separadas por divisórias baixas) onde várias pessoas trabalhavam em frente ao seu próprio computador. Era este o ambiente de trabalho de André, esteticamente oposto à sua arte e sensibilidade. Fiquei intrigada diante de sua capacidade de ali permanecer durante tantas horas, sendo um artista tão sensível.

No transcorrer da entrevista, fui percebendo que tentava encontrar alguém que se encaixasse na imagem do quadro que eu possuía. De fato, André foi demonstrando uma enorme capacidade reflexiva sobre as coisas da vida e sobre o estar no mundo. Sua sagacidade e inteligência foram-se revelando em cada frase que proferia, e a entrevista ganhava vida sob sua tutela. Foi abordando temas de sua vida sem perder o fio que nos conduzia à abordagem do tempo. O executivo e o artista amalgamaram-se com a objetividade do primeiro e a criatividade do segundo.

André relatou várias experiências de sua vida, tecendo, ao mesmo tempo, comentários e reflexões, denotando sua capacidade de aprender e de crescer a partir do vivido.

A sala, fria e opressiva, deixou de ter importância, na medida em que a conversa nos transportava para outras tantas paisagens desenhadas por André.

Após quase duas horas, encerrei a entrevista porque sabia que ele tinha de trabalhar. Saímos da sala ainda absortos pela intensidade dos momentos ali compartilhados e nos dirigimos à sala em frente onde havia água e café.

Despedimo-nos com gratidão e apreço. André colocou-se à disposição para outras conversas e disse que havia sido muito interessante falar sobre sua vida e refletir sobre aquele tema. Agradeci-lhe a disponibilidade e a conversa tão proveitosa.

Dias depois, enviei-lhe um livro e ele deixou-me um simpático recado agradecendo.

ANTONIO – 78 ANOS, ESCRITOR

Conhecia Antonio havia já alguns anos. Mantínhamos um relacionamento esporádico, com encontros sociais muito agradáveis. Nutria por ele grande admiração e afeto. A pessoa que nos apresentara foi quem o convidou a participar da pesquisa, ao que ele concordou com disposição e entusiasmo.

Fizemos um breve contato telefônico e marcamos a entrevista em seu apartamento. Inicialmente, convidou-me para um almoço tipicamente italiano preparado por ele, mas, infelizmente, houve incompatibilidade de horários e combinamos apenas um bom café.

Antonio é um verdadeiro *gentleman*, um homem extremamente culto que morou em diversas cidades na Europa e na América Latina. Trabalhou como executivo e diplomata. Na ocasião da entrevista, dedicava-se a escrever artigos e romances.

Recebeu-me em seu apartamento localizado próximo à Avenida Paulista, um charmoso espaço arrumado com muito bom gosto. Convidou-me a subir uma pequena escada em espiral que conduzia à parte de cima, onde havia uma simpática saleta com dois pequenos sofás e uma mesa de centro. À nossa frente, havia uma pequena varanda por onde o sol da manhã iluminava o ambiente.

Assim que nos sentamos, Antonio disse que tentara comunicar-se comigo a fim de antecipar o nosso encontro, pois teria de comparecer a uma sessão de fisioterapia antes do almoço.

Assegurei-lhe que tínhamos tempo suficiente para conversar. Aliviado, contou-me, com pesar, que vinha tratando uma doença degenerativa que o acometera havia alguns meses e que prejudicava o movimento de suas pernas. Lamentou que o processo de envelhecimento trouxesse tais desvantagens. Porém, logo se aprumou e convidou-me a iniciar a entrevista. Nem mesmo havia terminado de preparar o gravador, quando Antonio tirou do bolso um pequeno bloco onde havia feito algumas anotações sobre o nosso tema. Começou, então, a tecer uma série de comentários sobre o tempo, reflexões profundas de quem soube e sabia aproveitá-lo. Fui embalada pelas belas palavras que visavam a enriquecer minha pesquisa, pois a postura de Antonio era a de quem se havia preparado para aquele momento, movido pelo compromisso de contribuir com o trabalho. Falava com propriedade, clareza e toques de poesia. Sendo assim, não foi necessário nem formular determinadas questões que naturalmente foram sendo respondidas.

A entrevista transcorreu de maneira intensa, com momentos de grande emoção, principalmente quando Antonio relatou a morte prematura de seu filho, em um acidente de alpinismo. Fez questão de mostrar-me sua última foto, que, curiosamente, ficara registrada na máquina fotográfica intacta que caíra com ele de muitos metros de altura. Era um belo rapaz de 26 anos, sorrindo para a câmera, feliz por ter alcançado mais um platô da montanha. Emocionou-se, também, quando mencionou sua atual companheira com quem vive preciosos momentos de afeto. Mostrou-me algumas fotos deles dois, espalhadas em porta-retratos pela casa.

Houve, portanto, alternância de momentos de erudição com outros de pura emoção, revelando o homem das letras e o ser humano sensível, curvado às marcas indeléveis do tempo.

Tecia importantes considerações sobre o mundo, seus sistemas políticos e econômicos, procurando inserir a experiência com o tempo em um âmbito mais amplo e abrangente do que a vida individual pura e simplesmente. Lamentou que tivéssemos chegado onde chegamos neste início do século XXI, distantes do humano e prisioneiros do capital.

Finalmente, depois de esgotar as questões de meu roteiro, encerramos a entrevista com um delicioso café trazido por sua empregada, uma simpática senhora que mantinha um afável relacionamento com Antonio. Descemos para o pavimento de entrada e foi então que Antonio mostrou-me o restante de seu apartamento pequeno e aconchegante.

Despedimo-nos com apreço e gratidão. Sem dúvida, muitas reminiscências ficaram deste encontro do qual tive o privilégio de participar.

PEDRO – 74 ANOS, MÉDICO

Conhecia Pedro havia vários anos. Excelente psiquiatra e psicoterapeuta, além de um ser humano de primeira grandeza, Pedro desperta admiração e carinho nos que o rodeiam. Sua personalidade é marcada sobretudo pela sensibilidade, autenticidade e pelo afiado senso de humor. Todos estes atrativos foram, sem dúvida, determinantes para que eu o escolhesse para participar desta pesquisa. Sabia inclusive que se aceitasse meu convite seria um claro sinal de que estava disposto e desejoso de participar, pois não costuma fazer aquilo que não quer.

Aceito o convite, demoramos algumas semanas para conseguir marcar a entrevista em função da agenda de Pedro, repleta de conferências, casos clínicos e atividades acadêmicas. Finalmente estabelecemos um horário, em um sábado, logo após o almoço.

Fui recebida por ele em seu pequeno apartamento na Rua Frei Caneca. Ali ele mora e também atende alguns pacientes. É um ambiente repleto de livros e CDs. Permanecemos na sala de estar onde existem duas mesas, ambas com poltronas, uma em frente à outra. Pedro sentou-se em uma delas e me ofereceu a outra, ficando a mesa entre nós. Como ele mesmo observou, aquele ambiente continha tudo o que ele necessitava e gostava: seus livros e muitos CDs de música, sobretudo popular brasileira – sua "bagunça organizada". Morava sozinho durante a semana e, somente aos fins de semana, sua mulher vinha passar com ele.

Logo que nos acomodamos, Pedro colocou-se à minha disposição, aguardando minhas perguntas. Foi respondendo e fazendo associações com lembranças de sua vida. Em alguns momentos, questionava-se sobre como a sua fala poderia ajudar em meu trabalho, como se tentasse compreender o intuito das proposições que eu fazia. Parecia buscar o fio condutor de minha pesquisa, em um exercício habitual de quem vivia orientando teses.

Apesar de ser o entrevistado, naturalmente passava a observador participante, lançando indagações que, àquela altura, não tinham respostas também de minha parte. Talvez tivesse como modelo o tipo de pesquisa científica clássica, em que se parte de uma hipótese que deve ser ou não refutada. Porém, eu não partira de uma hipótese, apenas formulara uma questão ampla sobre como as pessoas viviam o tempo e não tinha, portanto, uma direção prévia: a pesquisa iria nortear-me.

A entrevista fluiu de tal forma que ambos parecíamos lembrar o tempo todo que aquele era um trabalho acadêmico. Os aspectos racionais suplantaram os conteúdos emocionais, que apenas sutilmente se revelaram no relato das experiências vividas por Pedro.

Por outro lado, foi muito rico observar como Pedro pode usufruir de seu eu mais verdadeiro, tornando-se uma pessoa cada vez mais viva, autêntica e de bem consigo mesmo. O tempo fez-lhe bem, ampliou sua visão de

tempo e felicidade

mundo, relativizou os pequenos problemas e potencializou sua alegria de viver. De aprendiz a professor, tem a sabedoria de saltar de um lugar para o outro, sabendo-os indissociáveis.

Quando terminamos a entrevista, descemos ao andar térreo de seu edifício, onde havia uma pequena loja de conveniências. Tomamos ali um gostoso café expresso e despedimo-nos afetuosamente.

Marília Pereira Bueno Millan

Perguntas e Respostas

"IMAGINE VOCÊ ACORDANDO PELA MANHÃ E PENSANDO NO QUE HÁ PARA FAZER. QUAL É A SUA SENSAÇÃO?"

RESPOSTAS:

– Em geral acorda com tudo determinado, mas sem chateação porque não costuma fazer o que não quer. Acorda alegre, bem-humorado. (Pedro)

– Sente-se dona de si mesma (acorda e levanta quando quer, reza e inicia seus afazeres em casa ou sai quando precisa). Sente-se bem sozinha. (Sara)

– Acorda sempre de bom humor, escolhe com calma o que vai fazer, não gosta de logo entrar em atividade. Considera importante ter tempo de não fazer nada. Faz o que deseja fazer. (Antonio)

– Seu estado de ânimo depende do tempo (sente-se animada quando faz sol). Geralmente levanta disposta a fazer o que tem de fazer (já tem um esquema na cabeça para realizar no dia). Sente-se culpada quando não está fazendo nada. (Vera)

– Sua vida mudou muito com a ida para Ilhabela. É uma forma mais tranquila de lidar com o tempo. É imprevisível quando e o que vai acontecer a cada dia. Sente que determina o uso do seu tempo. Dificuldade para aceitar a mudança (acha que deveria estar produzindo mais). (Lígia)

– Pensa no dia anterior em tudo o que tem para fazer. Às vezes se preocupa se o tempo será suficiente para realizar tudo o que precisa. No final do dia faz um balanço: ou sente que nada realizou, ou sente-se satisfeita, ou pensa que muitas coisas ficarão para o dia seguinte. Sente-se culpada por não estar produzindo. (Alice)

– Quando acorda, pensa no tempo imediato, nas coisas que precisa fazer para sair no horário (tomar banho, acordar as crianças, fazer a barba etc.). Sai correndo para não perder tempo de manhã, que já é curto. Tem a sensação de estar atrasado e de estar devendo alguma coisa mesmo no fim de semana. (André)

– Quando acorda, vê, como se fosse um filme, as coisas que tem para fazer durante o dia. Vai resolvendo os problemas conforme o dia vai passando. Logo cedo tem medo de como vai realizar tantas coisas. No final do dia, geralmente conseguiu, mas à custa de muito cansaço. (Marta)

COMENTÁRIO:

Os mais velhos demonstram mais tranquilidade e liberdade em relação à escolha de suas atividades. Têm mais domínio de seu tempo, as atividades são escolhidas com base no próprio desejo.

Os mais novos sentem-se pressionados a produzir mais com a realização das tarefas e culpados quando deixam de produzir (medo, culpa, angústia), lutam pela subsistência.

"SE O TEMPO FOSSE UMA MÚSICA, QUE RITMO TERIA?"

RESPOSTAS:

– Teria que ter muita alegria, um ritmo alegre, um samba. Algo que dissipa a tristeza das maldades do mundo. (Pedro)

– Teria um ritmo calmo, lento, nada barulhento. Alguma música clássica. (Sara)

– Seria uma *ranguenne* (músicas feitas para acompanhar um ritmo), são infinitas, "ficam na cabeça". (Antonio)

tempo e felicidade

– Seria um *RAP* ou um *rock* de metaleiro – o tempo está passando muito rápido [idade]; proximidade da morte. (Vera)

– Seria uma bossa nova, hoje, morando na Ilhabela, tudo acontece em "*slow motion*". Em São Paulo, tudo se parece mais com um *rock*. (Lígia)

– Seria um som contínuo, que não para nunca, que é acelerado, que parece passar rápido demais. "Não consigo pensar num ritmo". (Alice)

– Seria a música *techno*, composta pela máquina, sem variação melódica, música autômato, destituída de humanidade, sem sentimento. (André)

– Em algumas semanas seria um *rock* pauleira, um ritmo muito agitado; em outras, um samba. (Marta)

Comentário:

O ritmo designado pelos depoentes está, na maioria das respostas, relacionado às circunstâncias da vida atual. O tempo é visto como um fenômeno influenciado pelo modo e pelo momento de vida em que cada entrevistado se encontra.

"Muita gente acha que o tempo passa rápido demais. Em sua opinião, como isso se explica?"

Respostas:

Para a criança, demora a passar; o tempo corre na medida em que você vai tendo a noção do finito ali. Para ele, o tempo não corre rápido demais, às vezes o assusta um pouco quando vê que chegaram as férias. Se ficar muito preocupado com a sua morte, o tempo passa rápido demais. O tempo passa mais rápido na medida em que você não aproveita. Vive muito o aqui e agora. Acha que passa depressa para as pessoas que não vivem o momento, não curtem. Nos momentos alegres, o tempo voa, nos tristes e chatos, ele se prolonga. (Pedro)

– O tempo passa rápido. Quando você está vivendo, não sente tanto que é rápido. Quando passam alguns anos, você, de repente, vê que passou

super-rápido. Você tem de ter uma certa idade para ter uma visão do que te aconteceu antes, é aí que você vê que passa rápido. (Sara)

– O tempo passa rápido porque as pessoas são pressionadas pelo *marketing* e pela tecnologia a consumir para satisfazer falsas necessidades. As pessoas não conseguem mais ter tempo, porque saem apressadas para fazer um monte de coisas inúteis, compromissos falsos. Se a pessoa é infeliz, o tempo parece mais longo. (Antonio)

– Quando era jovem, criança ou menina, achava que o tempo demorava demais para passar. Agora, mais velha, acha que passa rápido porque não se é eterno, não se vai ficar para semente. Está na reta final, mais cinco ou dez anos, "é complicado". (Vera)

– Não acha que o tempo passa rápido. A qualidade de um relacionamento faz com que a pessoa acompanhe a passagem do tempo, o tempo está passando e está envelhecendo junto com a pessoa amada. Cabe à pessoa perceber os sinais que a vida oferece para fazer mudanças, aproveitando o tempo. (Lígia)

– Acha que o tempo passa rápido demais. Comparado ao tempo de existência do Universo e da Terra, a vida de uma pessoa é como se fosse invisível. O tempo é muito curto, as pessoas não representam nada. É preciso aproveitar porque passa rápido. Pensa que as pessoas vivem pouco para conseguir fazer as coisas desejadas. Quando se aproveita, quando se está feliz, ele passa mais rápido, porque há muitas coisas para fazer. Se for algo chato, demora para passar. (Alice)

– Considera que as pessoas acham que o tempo passa rápido demais porque fazem coisas e exercem funções que não têm nenhum retorno para a alma e nem o retorno interior de coisas importantes. Com essa correria, fazendo coisas desimportantes só para pagar suas contas, para levar seu dia a dia, fica devendo para o seu interior, para sua alma, o que é realmente importante. O tempo deveria ser o tempo de coisas importantes (conviver com as pessoas amadas). (André)

– Tem a sensação de que o tempo passa rápido depois de ser mãe. Não sabe por quê. Os filhos crescem rápido e o tempo passa rápido. Quando não se tem responsabilidade, tudo demora, ter quinze demora para ter dezoito anos. Depois que se passa para o outro lado, o tempo passa muito rápido. (Marta)

COMENTÁRIO:

Quando se é criança ou adolescente, o tempo demora a passar. Com a maturidade, o tempo parece passar mais rápido: responsabilidade e noção da morte.

No mundo atual, as pessoas têm a sensação de que o tempo passa muito rápido porque fazem coisas desimportantes a fim de garantir a própria subsistência. A necessidade de produzir e consumir faz com que o sujeito realize uma série de atos mecânicos e destituídos de sentidos para a alma.

Se o tempo for bem aproveitado com experiências significativas, tal sensação tende a diminuir.

Por outro lado, o dito popular "tudo o que é bom dura pouco" parece também ser válido. Gostaríamos de eternizar o que é prazeroso e diminuir a duração dos eventos penosos. A sensação de que o prazer dura pouco e a dor dura muito é verificável nas experiências cotidianas.

"SE VOCÊ PUDESSE VOLTAR NO TEMPO, O QUE TRARIA PARA O PRESENTE?"

RESPOSTAS:

– As coisas que lhe roubaram, gostaria de poder reavê-las: o sítio que construiu, os discos antigos perdidos para a ex-mulher na época da separação. Não gostaria de reviver a infância, a adolescência. O que foi vivido, foi bem vivido. O passado é morto, "águas passadas não movem moinho". (Pedro)

– Difícil dizer (não responde diretamente, mas, pela entrevista como um todo, pode-se deduzir que se sente satisfeita com o que viveu, deixando cada coisa em seu tempo). (Sara)

— Traria seu filho de 26 anos, morto em um acidente de alpinismo. (Antonio)

— Traria o bom, o ideal, a esperança de que alguma coisa ia mudar, que os filhos iam crescer num mundo muito melhor. Se eu pudesse voltar no tempo, queria seus filhos pequenininhos com ela outra vez. (Vera)

— Traria sua família: pai, mãe e avó (as pessoas de quem gosta). Talvez a possibilidade de não ter responsabilidade, um pouco da juventude, um pouquinho mais da energia que se tinha na época. O que dá mais vontade mesmo é a família. Um cachorro ou outro... (Alice)

— Gostaria de ter feito balé, mas estudou piano. Acha que teria sido uma boa bailarina porque era o que ela queria fazer. (Lígia)

— Traria as viagens com a família, as boas experiências da infância. (André)

Comentário:

Em geral, os vínculos afetivos são lembrados com saudade e nostalgia. O desejo de reaver pessoas queridas é preponderante. A morte e a separação conferem um tom pungente à fala dos entrevistados, sendo visível a emoção relacionada aos entes queridos do passado. É interessante observar que não há referências a reviver situações já experimentadas, mas às pessoas ou a objetos perdidos. Os vínculos são fundamentais e a vida afetiva ocupa o primeiro plano para os entrevistados.

"O que a invenção das máquinas trouxe para o ser humano?"

Respostas:

— Ama as coisas modernas, acha fabuloso que haja tantas novidades. Utiliza as máquinas a seu favor, não vira escravo delas. Para quem não sabe lidar, acha que estão perdidos, porque perdem o sabor do lado humanístico de viver. Fica aborrecido quando o progresso é devastador, arrebenta com as coisas amadas (referindo-se às cidades do interior em que viveu no passado). Não sabe por que, de repente, tomou ódio das máquinas, não sabe mexer, só ligar e desligar. Desapontou-se com o aparelho de eletroencefalograma quando percebeu que ele nada mais teria a oferecer-lhe. Às vezes, sente-se deslocado por não saber mexer no computador. (Pedro)

– Acha fantástica a evolução da humanidade, mas fica relutante quando aparece uma coisa nova, sobretudo na área médica, pois são necessários muitos experimentos até que se possa saber se uma droga realmente é boa. Não entende essa coisa moderna, nunca trabalhou com o computador. Acha necessário o desenvolvimento técnico, mas acha ridículo ouvir música ou assistir a filmes pelo computador. Considera que as máquinas estão tirando o lugar do ser humano: antes, no banco, tomava café com o gerente, hoje querem que se faça tudo na máquina. Os jovens ficam isolados jogando videogame, assistindo a filmes e pornografia; não leem, não fazem esportes, não estudam. Prefere o ser humano às máquinas. (Sara)

– A tecnologia prolonga a vida, permite que se faça muito mais coisa em menos tempo. Se, por um lado, encurta o tempo, por outro, faz com que sejam feitas mais coisas. Então, é relativo, porque diminui o tempo, mas acumula necessidades. Pode-se fazer mais coisas, mas se tem menos tempo para cada coisa. O *marketing* e a tecnologia criaram falsas necessidades, as pessoas saem apressadas para fazer um monte de coisas inúteis. Hoje em dia, a pessoa poupa tempo, porque a tecnologia ajuda, mas perde tempo, porque não aprende a fazer, por exemplo, um brinquedo ou uma conta. Um passeio ou um percurso é feito mais rápido, mas perde o significado. (Antonio)

– Houve uma mistura: por um lado, atrapalhou e, por outro, facilitou, diminuindo o tempo de trabalho, mas, com estas máquinas todas, as pessoas ainda continuam sem tempo. É uma coisa que assusta, porque as invenções são tão loucas, principalmente no campo da internet, em que a pessoa comunica-se com o mundo inteiro e vê coisas muito absurdas. Têm muita dificuldade de aceitar as novas descobertas científicas da engenharia genética e clonagem. Há também uma perda de privacidade, qualquer pessoa

pode controlar sua vida. Teme que se chegue a controlar os próprios pensamentos, o que seria uma terrível perda de liberdade. (Vera)

– Acha bom, considera que a tecnologia veio para minimizar dores, principalmente na área médica. Se for bem utilizada, é ótima, pois torna a vida mais fácil, encurtando caminhos. O que ocorre é que nem sempre ela é bem utilizada: Santos Dumont suicidou-se quando viu o avião ser utilizado na guerra. Não é contra a tecnologia porque o homem é inteligente e criativo, devendo dar vazão aos seus talentos. Precisa aprender a utilizar bem a tecnologia e, muitas vezes, tal aprendizado pode ser sofrido. (Lígia)

– É uma faca de dois gumes: poupa tempo, mas também ocupa muito tempo. Seu mestrado não teria ficado tão bom se tivesse sido feito há 10 anos, pois, graças à internet, conseguiu trocar informações com pessoas no exterior e obter artigos. Por outro lado, as pessoas acabam esperando mais de você, as exigências são maiores. São tantas as informações, que acaba sentindo-se burra, por não conseguir acompanhar a quantidade de dados oferecidos pelos *sites*. É estressante ter que corresponder às expectativas das pessoas que cobram que se esteja sempre bem informado e que se saiba cada vez mais. Trata-se de uma exigência social. (Alice)

– Acha que é bom, pois proporciona muitas coisas boas, principalmente porque se ganha muito tempo na realização de determinadas atividades, como, por exemplo, fazer serviços de banco pela internet. Entretanto, considera que o nível de esclarecimento do povo brasileiro ainda é muito pequeno frente às novas tecnologias, faltando preparo e informação para manejar as máquinas disponíveis. (Marta)

– A tecnologia que propicia a rapidez dos contatos e das informações acaba tendo como consequência uma maior exigência em relação ao ser humano. Ele deve saber mais e ser rápido em suas respostas e, se isto não ocorre, sente-se culpado e ultrapassado. As pessoas estão tornando-se extensões das máquinas, escravas dos objetos e cada vez mais distantes dos seus pares. Ficam eficientes em enviar *e-mails*, mandar documentos, montar planilhas, mas tornam-se um zero como seres humanos, desconhecem o sentido de uma relação humana. O resultado de tudo isso é a infelicidade, a frustração e a tendência à depressão. (André)

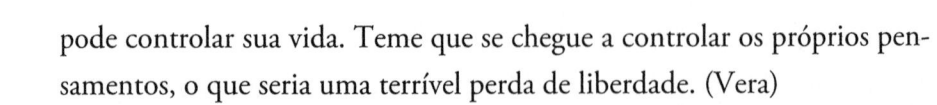

COMENTÁRIO:

Em geral, todos os entrevistados mencionaram vantagens e desvantagens do progresso tecnológico. Por um lado, melhora procedimentos na área médica, encurta caminhos, diminui o tempo para a realização de muitas tarefas. Entretanto, por outro lado, exige-se maior e melhor desempenho das pessoas, há o afastamento entre os seres humanos, aparece a tendência de depender dos objetos, perde-se a capacidade de realizar coisas que hoje são feitas pelas máquinas.

Alertam para os riscos de um mau uso da tecnologia, que pode comprometer inclusive a formação e convivência entre as pessoas.

"VOCÊ UTILIZA O COMPUTADOR E A INTERNET? QUANTAS HORAS POR DIA?"

RESPOSTAS:

– Não usa o computador e nunca tentou, se decidisse, tem certeza de que aprenderia. Prefere pagar para alguém fazer o que precisa. Dá prioridade para as coisas que gosta: ler, escrever, consultar. (Pedro)

– Não utiliza o computador, considera que o seu uso tem tirado o lugar das pessoas no mercado de trabalho. Considera-se antiquada, prioriza o ser humano. (Sara)

– Utiliza o computador em torno de três a quatro horas por semana. Usa para escrever e para correspondência via _e-mail_. Muitas vezes escreve à mão. Quando está em fase final de um romance, chega a ficar oito horas seguidas no computador. (Antonio)

– Não utiliza o computador, ainda não criou coragem, não tem necessidade e nem vontade de viajar pela internet. (Vera)

– Utiliza o computador para pagar contas e contatar fornecedores [para sua loja]. Não costuma conversar via internet, prefere o telefone. Considera-o um meio de comunicação que serve para encurtar caminhos.

Costuma usá-lo depois das nove horas da noite para não pagar interurbano mais caro. (Lígia)

— Faz uso constante do computador e da internet para correspondência, pesquisa, contato com empresas, cursos e trabalhos. Permanece pelo menos cinco horas por dia em frente à tela. (Alice)

— Utiliza o computador conectado à internet durante o dia inteiro (sete horas, em média), pois trabalha para uma empresa de internet. Vende publicidade e projetos, além de relacionar-se com as pessoas via *e-mails* (este se tornou um documento e tomou o lugar das conversas telefônicas). (André)

— Usa muito o computador, mas somente à noite, de segunda à sexta, das dez horas à meia-noite. Aos domingos, quando não sai, fica navegando pela internet à tarde. Troca muitos *e-mails* com as amigas e, sobretudo, com uma delas que mora no prédio em frente ao seu, mas, como não têm tempo, comunicam-se pelo computador. (Marta)

COMENTÁRIO:

Aqui fica claro que os mais jovens são adeptos do computador e da internet como meio de trabalho, de comunicação com os outros e de facilitação de atividades cotidianas. Os mais velhos resistem e priorizam os contatos humanos e os meios tradicionais para a obtenção de conhecimentos e execução das tarefas do dia a dia. Demonstram não se sentir atraídos pelas máquinas e pouco afeitos ao seu manuseio.

"QUAIS FORAM OS ACONTECIMENTOS QUE MARCARAM SUA VIDA? QUAL O SEU SENTIMENTO EM RELAÇÃO À PASSAGEM DO TEMPO?"

RESPOSTAS:

— Possui dois eventos marcantes em sua vida, que jamais gostaria de experimentar novamente: o vestibular e uma cirurgia de garganta. O primeiro, porque estudou muito durante um ano inteiro, das sete horas à meia-noite. O segundo, porque a operação era feita sem anestesia: a pessoa ficava amarrada na cadeira e tudo era feito a seco. Por essas tensões não passaria nunca mais. Quando passou, deu graças a Deus e experimentou alegria de criança.

Outros dois, também marcantes, foram quando foi conversar com o marido traído de uma moça que havia namorado e enfrentou grande risco de morte; e quando, na época da ditadura, foi obrigado a fugir e a esconder-se pelo Brasil, ficando longe das pessoas queridas. Lida mal com a ausência de pessoas queridas ou de notícias destas. Se o tempo se alonga demais, além do previsto, começa a imaginar que coisas ruins podem ter acontecido. Nunca se preocupou muito com o tempo, somente com o que é agradável e o que não é agradável. (Pedro)

– Em primeiro lugar, o mais marcante em sua vida foi sua família. Cresceu com cinco irmãos, uma vida boa, sem brigas, sem problemas. Seu pai era professor e sabia lidar com os filhos. Aprendeu com ele a aceitar os seres humanos com suas diferenças. O segundo evento marcante e único foi o encontro com seu marido, que entrou em seu coração desde o momento em que o conheceu. (Sara)

– Foram muitos os acontecimentos que marcaram a sua vida.

Recorda a primeira vez em que fugiu da casa do tio, com quem morava porque a sua família se havia desfeito, seu pai desapareceu depois que perdeu tudo e sua mãe precisava trabalhar. Fugiu porque não gostava de duas tias que cuidavam dele, e foi para a casa dos avós, distante dali cerca de oito quilômetros, durante a noite. Ficou satisfeito quando seu avô repreendeu suas tias por não cuidarem dele direito, sentindo esta como uma das grandes vitórias de sua vida.

Outro momento importante foram os bombardeios, durante a Segunda Grande Guerra, que pareciam intermináveis.

Cita o momento em que recebeu a notícia da morte de seu filho, quando viveu horas dramáticas.

Conta com prazer um tempo engraçado em que era subdiretor da empresa em que trabalhava em Buenos Aires e foi convidado pelo presidente a vir trabalhar em São Paulo. Relata sua viagem a Paris e como arriscou

tudo ao não aguardar o presidente da empresa que se atrasou para atendê-lo. Mostra-se muito satisfeito com a constatação de que o presidente o valorizava e desejava que ele aceitasse o convite para assumir um cargo no Brasil. (Antonio)

O que mudou sua vida foi a perda de um filho de 11 meses, que teve um quadro fulminante de meningite e morreu em cinco horas, durante sua ausência. Outro fato marcante foi quando soube que um de seus filhos era epilético; sentiu vontade de morrer e muita culpa. Com o tempo foi aceitando, acostumando-se com esta realidade e tendo ciência de que a doença não era terrível como imaginara.

A prisão de seu marido em 64 também foi muito marcante, pois ficou muito angustiada durante uma semana sem ter notícias dele. Quando foi visitá-lo na prisão (tem a imagem impressa na memória até hoje), foi terrível vê-lo ser tratado como bandido, escoltado por policiais empunhando metralhadoras.

Recorda a morte de sua mãe, que ficou tuberculosa durante anos, quando tinha treze anos. Teve tempo de acostumar-se com a ideia de que ela iria morrer, não sendo, portanto, tão difícil de enfrentar como as outras situações que vivenciou mais tarde.

Considera que sua vida foi feita de etapas que conseguiu ultrapassar, ou seja, "deu a volta por cima". (Vera)

– Muita coisa marcou sua vida. Em primeiro lugar, cita a doença de sua mãe, que vivia tendo surtos de depressão e agressão que resultaram em várias internações. Sentia-se pouco amada pela mãe e não compreendia, quando era criança, a impossibilidade de a mãe lhe dar carinho. Com o passar do tempo, com a maturidade, pôde entender que ela lhe dera o que podia.

Um grande marco em sua vida foi a psicoterapia que fez e que a ajudou a perceber que sofria por coisas que não eram suas.

Considera que os marcos em sua vida têm a ver com afetividade, com suas descobertas e com suas tentativas de estabelecer boas relações com as pessoas. (Lígia)

– Lembra-se de uma situação, quando era criança, em que seu pai ensinou-lhe a pegar em um sapo sem tocar na parte que produz veneno.

Também foi marcante o fato de seu pai pegar cachorros vira-latas na rua e levá-los para casa. Todo o amor que sente pelos bichos foi aprendido com seu pai.

Cita a separação de seus pais como algo muito marcante, pois teve medo de não ter mais pai. Sua relação com sua mãe também foi muito importante na medida em que muitas vezes sentiu orgulho dela e em outras sentiu vergonha pelo fato de ela ser deficiente. Os amigos e a família grande e unida marcaram muito a sua vida.

Situações na escola: quando foi para a escola particular era mal vista ("a baianinha fedorenta, o lixo da escola") e quando foi para a escola pública era valorizada e querida por todos. (Alice)

– Foram marcantes os momentos gostosos que viveu em sua infância: brincar de carrinho no tapete, com o sol refletindo no piso; viajar com seus pais. Tem boas lembranças de sua infância e adolescência: a escola, os amigos, as namoradas e as festas.

Cita também a separação dos pais como um evento marcante e, neste caso, como traumático e doloroso, pois teve que ficar longe de seu pai. Tinha dezoito anos na época e sentiu-se muito pressionado para escolher uma profissão e buscar um trabalho. Foram momentos muito difíceis. (André)

– As coisas marcantes de sua vida foram o noivado, o casamento e os filhos. Houve a perda de um bebê (menina) quando estava com 38 semanas de gestação. Considera este o fato mais marcante de sua vida, uma perda irreparável. (Marta)

COMENTÁRIO:

Os eventos marcantes dizem respeito, via de regra, a situações significativas com quem os entrevistados têm ou tiveram importante vínculo afetivo. Perdas, conquistas e separações são predominantes. As relações interpessoais ganham a cena e constituem o elo mais importante com o passado.

"Como você distribui o trabalho e o lazer na sua semana?"

Respostas:

– Considera a relação entre trabalho e lazer maravilhosa, porque pode trabalhar dezoito, 24 horas seguidas, mas o faz com prazer, não abre mão do prazer. Brinca consigo mesmo, este é o seu lazer. Cultua a brincadeira desde sua infância, pois, por ser o caçula de dez irmãos, aprendeu a se divertir sozinho. Imagina peças para pregar nas pessoas, ri sozinho, faz poesias, escreve cartas que nunca envia, enfim, entretém-se com seus próprios pensamentos e imaginação. Isso ocorre em vários momentos cotidianos: nos intervalos do trabalho, enquanto caminha pela rua, antes de adormecer. (Pedro)

– Não trabalha atualmente. Leva a vida realizando pequenos afazeres domésticos, indo à ginástica, ao banco, fazer alguma compra, ou permanece em sua casa lendo e ouvindo música. (Sara)

– Não distribui o tempo entre trabalho e descanso, vai vivendo os dois com liberdade. Não há uma regra preestabelecida de como vai empregar o seu tempo. Decide escrever um livro, começa a trabalhar nele. Se sente cansaço, para, descansa, lê um livro, ouve música, bebe um copo de água. Não usa o tempo, não se deixa dominar por ele. (Antonio)

– Divide seu tempo entre os afazeres domésticos (trabalho) e idas ao cinema, ao *shopping*, ao clube, a encontros com amigas e a assistir programas na TV (lazer). Considera que há um equilíbrio entre essas atividades. Não trabalha por necessidade, pois tem uma faxineira que vai algumas vezes por semana à sua casa. Trabalha porque não consegue ficar parada e porque gosta de arrumar a casa e de cozinhar um pouco. Acha que trabalha por força do hábito e também porque considera que é seu dever. Esta ideia é ainda um resquício da educação que recebeu permeada por muita exigência e por um constante sentimento de culpa e medo de ser inadequada diante dos outros.

Atualmente está cursando francês na Universidade Aberta, do Mackenzie, atividade esta que considera mais lazer do que trabalho. Sente muito prazer em conviver com os jovens. (Vera)

– Depois da mudança de cidade houve uma inversão nos dias reservados ao trabalho e ao lazer. Nos fins de semana trabalha muito na loja, pois é quando as pessoas vêm ao litoral. Às segundas e terças-feiras dedica-se ao descanso e ao lazer, são dias maravilhosos. Às vezes, ela e o marido vão a Campos do Jordão ou viajam para São Paulo, onde usufruem o que a cidade tem de melhor: cinema, teatro e encontro com os amigos. (Lígia)

– Não há uma rotina para o trabalho e o lazer, na medida em que, no momento, não tem um emprego fixo. Considera lazer suas aulas de ioga e de francês. Durante o dia, sente-se pressionada a produzir, tem a obrigação de fazer alguma coisa no âmbito profissional. À noite, quando as crianças já estão dormindo e já se desligou dos assuntos de trabalho, experimenta momentos de silêncio e calma. É quando assiste televisão, conversa e namora o marido. (Alice)

– Considera que não há espaço para o descanso durante a semana. Só à noite, depois do jantar, quando cada um da família conta resumidamente o seu dia, ou pega um livro para ler, mas logo já é meia-noite, e hora de dormir para acordar no dia seguinte, às seis e meia. Quem diz ter tempo para descansar durante a semana, ou está desempregado, ou está em tratamento, ou está mentindo. No fim de semana, quando não tem nada para fazer em termos profissionais, sente-se devendo alguma coisa, como se devesse continuar produzindo mesmo nas horas de lazer. (André)

– Durante a semana não há lazer, só trabalho. À noite, depois que as crianças vão dormir, tem ao seu dispor de três a quatro horas que usa para jantar, tomar banho, conversar com o marido, ou ler. Nos fins de semana tem tempo para o lazer: levar as crianças para passear, ou mesmo ficar em casa sem fazer nada, assistindo televisão. (Marta)

COMENTÁRIO:

Os mais velhos mostram-se mais livres, menos pressionados pelo trabalho, em busca da subsistência. Nesse sentido, trabalho e lazer mesclam-se, sem uma divisão rígida entre os dois. Para os mais jovens o trabalho ainda tem um sentido de obrigação, de peso. O descanso e o lazer são almejados com veemência. Há pouco espaço para o lazer durante a semana.

"COMO VOCÊ SENTE O PASSADO, O PRESENTE E O FUTURO?"

– O passado foi vivido, não traz saudades. Necessita do passado porque faz parte de sua história. Gosta do que viveu. O amanhã não lhe importa, pois enquanto existir a morte amanhã, acorda todo dia alegre. Valoriza muito o hoje, sente muito prazer em viver cada momento. O presente tem uma ligação muito forte com o passado: "o homem experiente não é aquilo que ele fez, e sim aquilo que ele é capaz de fazer com aquilo que ele fez". (Pedro)

– Há coisas no passado que hoje faria diferente, mas naquela época não tinha condições de fazer diferente do que fez, por isso não lamenta. É gostoso lembrar do passado, mesmo daquilo que se fez de forma errada. Quando se é velho, não é necessário esquecer. Em relação ao presente, não gosta mais de viver depois da morte de seu marido, nada mais realmente lhe interessa na vida. Quanto ao futuro, pretende que sua filha a deixe viver sozinha em seu apartamento até sua morte. A morte não a assusta, pois um dia tem de acontecer, é o caminho natural das coisas. (Sara)

– Não troca a sua vida pela de ninguém. Acha que cometeu muitos erros, mas compensou-os com muitos acertos. Gosta do seu passado, dos amigos que fez, dos amores que teve. Lembra de tudo o que é bom e esquece o que é ruim. O presente é feliz do ponto de vista afetivo, um pouco ruim do ponto de vista da saúde, e péssimo do ponto de vista econômico. Acha que é mais feliz do que infeliz. O seu tempo atual é bom, entende-se com o tempo. Quanto ao futuro, não sabe, depende de sua saúde, das finanças e do trabalho, mas o está enfrentando com serenidade.

tempo e felicidade

Há uma certa inquietação, própria do ser humano. O tempo o ajuda, dialoga consigo mesmo.

No que se refere ao mundo, nunca se sentiu tão incomodado como agora, pela superficialidade e pela importância dada ao dinheiro. Se fosse pelo mundo, poderia morrer agora que não sentiria nenhuma saudade. (Antonio)

– Não pode dizer que tenha sido uma pessoa infeliz, teve muitas coisas boas: amor, carinho, vida familiar harmônica. Lembra que foi muito bom ter trabalhado quando era jovem para ajudar seu pai. "Teria gostado de viver as mesmas coisas outra vez."

O presente está tranquilo, está numa fase boa e os filhos estão todos bem. Apesar do glaucoma (tem apenas 50% de uma vista e da outra, quase nada) consegue fazer todas as coisas de que gosta: ler, ir ao cinema... Se pudesse parar como está hoje, seria bom.

No futuro, acha que não tem muito para pensar porque já tem 81 anos e quer permanecer viva enquanto estiver bem de saúde. Indaga-se se terá mais uns cinco anos pela frente. Tem o prazer de ver os netos crescendo, namorando, formando-se. Acha que não vai viver a ponto de ter a alegria de conhecer seus bisnetos. (Vera)

– Considera que o que acontece hoje em dia é, no fundo, o mesmo que aconteceu no passado. As coisas só mudaram de roupa. O ser humano parece ser o mesmo, quando ganha o poder, torna-se tirano.

No presente, as pessoas estão mais fechadas, saem menos, têm medo de se expor, as prisões estão dentro das próprias casas com grades enormes e muros altíssimos. Por outro lado, as famílias estão mais unidas, as pessoas estão tendo mais critério em termos da sexualidade (AIDS) e das drogas. No passado, as coisas eram camufladas, escondidas, hoje as coisas estão mais escancaradas, explícitas.

O futuro é feito de estágios, em que vão continuar a existir descobertas e novas tecnologias que, como sempre na história, vão ser usadas para o bem e para o mal da humanidade. O homem é o mesmo e sempre terá os mesmos sentimentos. Espera que as crianças de hoje, criadas de uma maneira mais aberta pelos pais, possam fazer melhores escolhas para o mundo do futuro. (Lígia)

– Quanto ao passado, diz ter tido uma parte da infância muito boa e outras partes muito ruins: experiências na escola, separação dos pais. A adolescência foi bem aproveitada com amigos, passeios e brincadeiras. Não ter responsabilidade e nem preocupação com o tempo era muito bom. Tem a sensação de que estas fases passaram muito rápido. É por isso que tem dado cada vez mais valor ao tempo, tentando aproveitar o momento presente. Vem tentando viver exatamente aquilo que está fazendo no momento.

Pensar no futuro faz com que se lembre de quando sua mãe morreu em um acidente de carro. Pensa que deve viver o hoje porque não sabe o que vai ser o amanhã. É preciso aproveitar o dia de hoje como se fosse o último. É preciso fazer tudo o que se gostaria de fazer.

Apesar de não ter sucesso profissional e não estar bem financeiramente, está próxima dos filhos, pensando em si mesma, cuidando da casa... Está mais feliz. Acredita que, no futuro, irá realizar-se profissionalmente, fazendo algo de que realmente gosta. (Alice)

Vê o passado como um lugar seguro, aquela casa de campo que passou férias maravilhosas com os primos, os irmãos... Algo gostoso que se tem a impressão de que passou rápido.

O presente é toda esta correria com procedimentos, afazeres e tudo aquilo que, na verdade, não tem relação sentimental com nada. A imagem do presente seria uma viagem com a família em que há muitos preparativos: documentos, malas, táxi, aeroporto, avião... O momento gostoso do presente é estar junto da família na hora do jantar e nos fins de semana.

Sobre o futuro, imagina aquela casa de campo lá atrás, um ateliê onde possa pintar, em que possa ter um tempo saudável para as coisas realmente importantes. Um lugar sossegado, fora de São Paulo, próximo à natureza, para receber as pessoas queridas. "Tenho saudade do futuro". (André)

Considera ter tido um passado feliz, não pode dizer que foi triste, foi bom.

O presente é bom, mas poderia ser melhor. Acha que está faltando tempo para conviver mais com o marido. A luta pela subsistência e a profissão do marido não permitem que tenham uma vida em comum mais gratificante.

Vem buscando melhorar suas condições de vida para ter um futuro melhor, um relacionamento melhor com o marido. Teme sentir-se só no futuro, mais sozinha do que se sente hoje, pois acha que, tendo dois filhos homens a chance de eles tomarem o próprio rumo é grande (Marta).

COMENTÁRIO:

Os mais velhos concentram no tempo presente a sua fonte de realização pessoal. Conservam com carinho seu próprio passado, relativizando erros e fracassos. Quanto ao futuro, são reservados e vislumbram a própria morte. Os mais jovens mostram-se ávidos pelo futuro, como possibilidade de realização de projetos não concluídos. O passado é, em geral, visto como satisfatório e o presente guarda dúvidas sobre o futuro.

O TESTE DE COMPLETAMENTO DE FRASES

Este teste foi utilizado nesta pesquisa como um meio de captar mais alguns elementos sobre o entrevistado, a partir da associação de ideias (Cunha, 1993).

Quando se faz a entrevista semidirigida, o depoente vai racionalizando suas respostas, ou seja, vai "arrumando" as ideias, corrigindo equívocos, atenuando suas dúvidas e contradições.

Lançar frases incompletas pode ajudar a desvelar certos aspectos que ficaram obscuros e, também, confirmar aquilo que foi dito durante a entrevista.

Na presente situação, o completamento de frases teve um caráter lúdico, apesar da maior parte dos entrevistados (Pedro, André, Alice, Vera e Antonio) ter tido certa preocupação em responder prontamente às questões.

As respostas obtidas confirmaram o discurso dos entrevistados, mas trouxeram situações curiosas e outras marcantes de suas vidas.

Pedro, Sara e Marta contaram episódios significativos da infância, quando experimentaram intensa dor psíquica, frente a situações em que se sentiram impotentes.

A infância é lembrada com carinho por estes adultos que, com ternura, parecem querer cuidar da criança que foram um dia.

Todos gostaram de relativizar os sofrimentos daquela época, almejando, se pudessem retornar, brincar e divertir-se muito mais.

Quando as frases falavam a respeito de erros e culpas, houve, em geral, dificuldade para os entrevistados responderem de imediato. Exceto Pedro e André, que mencionaram a dependência de substâncias em determinada fase de suas vidas, o que até hoje lhes causa arrependimento e culpa.

Observa-se que os mais velhos relativizam seus erros e absolvem-se das culpas, demonstrando tolerância em relação ao passado. Assumem os erros, mas não se ficam martirizando pelo que ocorreu vida afora. Parecem ser mais indulgentes com eles mesmos, sem tanta cobrança ou exigência.

Os mais jovens demonstram avidez pela realização de seus projetos de vida, ainda incompletos, devido ao momento de vida em que se encontram. É possível perceber a angústia frente às lacunas e às faltas advindas do próprio processo de existir e da não realização completa de seus projetos de vida. O futuro, neste sentido, tem grande importância para eles como a possibilidade real de concretização de tais projetos.

Consideram ter o tempo futuro à sua disposição e a expectativa de poder vivê-lo com sucesso.

Os mais velhos, por sua vez, percebem a proximidade do fim de suas vidas e veem o futuro como um prolongamento do presente, como a manutenção das conquistas já efetivadas.

Não há entre os entrevistados sinais de pessimismo ou de desencanto com a vida. Pelo contrário, todos se mostraram vinculados à sua própria existência e história de vida.

Quanto às metas pessoais, os pesquisados falam na busca pela felicidade: convivência amorosa, paz, tempo, realização profissional.

Os mais velhos mencionam ainda a saúde e a morte digna.

Nota-se que os objetivos de vida são comuns a todos, voltados para valores humanísticos. São pessoas buscando o que outras tantas buscaram em tempos tão longínquos. Apesar de todas as mudanças históricas, os anseios humanos parecem os mesmos através dos tempos.

Se vivemos hoje em uma época marcada pela hegemonia do capital e pelo incentivo ao consumo, poder-se-ia esperar que algumas respostas dos entrevistados apontassem nesse sentido. É claro que relatam sua luta para sobreviver em um mundo tão competitivo, mas não se referem a acumular bens, a ganhar muito dinheiro ou a adquirir objetos valorizados pela mídia.

Chama a atenção que a circunstância histórica não consiga apagar os anseios humanos mais comuns.

Talvez a menção à falta de tempo livre feita pelos entrevistados mais jovens seja o ícone do momento. Entretanto, o que diríamos do tempo livre dos guerreiros da Antiguidade e dos servos da Idade Média?

Será que o desejo de ter mais tempo junto aos que se ama não é um dos mais antigos anseios humanos?

Não será a aceleração dos processos atuais o que nos fez ter consciência do tempo ou de sua ausência?

São estas as indagações que foram feitas na introdução deste trabalho e, como em um círculo que se completa, ressurgem para, em uma nova configuração sugerir respostas possíveis.

Reflexões

O aspecto mais marcante, ou seja, a primeira figura que se destaca do fundo é o discurso humanístico de todos os entrevistados. Foi unânime a valorização dos relacionamentos afetivos, da convivência harmoniosa entre as pessoas e da importância das parcerias amorosas.

Numa sociedade de consumo em que o capital é colocado como o bem supremo, a análise de histórias particulares e pessoais apresenta um mundo bem diferente, voltado sobretudo para a busca do encontro com o outro. Como será possível tal configuração de conjunto, quando cada parte que o forma parece tão diferente ao ser vista isoladamente?

Parece que o mundo que criamos nos é estranho, não pertencemos à engrenagem da economia do mercado globalizado, cuja volatilidade e insta-bilidade são tão avessas à nossa busca de relacionamentos significativos e duradouros.

Criador e criatura perdem-se em um abismo intransponível. Onde reencontrar o espaço-tempo humano em meio à reificação dos objetos des-cartáveis e do capital?

Os entrevistados lamentam a configuração que o mundo apresenta hoje, ou seja, ser destituído de valores humanísticos fundamentais. Os mais velhos reconhecem no passado alguns elementos de uma realidade menos adversa; os mais jovens pressupõem que já houve um mundo melhor e, nos-tálgicos do que não viveram, buscam-no num futuro incerto.

Todos, sem exceção, relacionam a qualidade de vida à possibilidade de ter tempo disponível para viver as experiências humanas fundamentais de convivência. Um tempo largo e amigo, pleno de possibilidades de realização. Assim, a urgência e a rapidez, ícones de nossos dias, não são paradigmas para os depoentes. Prezam, contudo, as benesses da tecnologia, pelas facilidades e benefícios diretos para o ser humano, principalmente em termos de saúde.

O tempo é considerado um bem precioso e almejado. Novamente, aqui existe um paradoxo entre o mundo enquanto cenário de vida e o sujeito como ator de sua própria história. O tempo, para os mais jovens, é quase todo ocupado por atividades que visam principalmente à sobrevivência no universo da concorrência acirrada, da desigualdade social e da busca incessante pela satisfação de necessidades artificiais. O anseio dos indivíduos é, ao contrário, parar para dedicarem-se a si mesmos e aos outros.

Os entrevistados mais velhos demonstram certa paz de espírito, uma maior sintonia entre seus desejos e a possibilidade de satisfazê-los. É interessante perceber que o idoso está muito mais sabiamente conectado com o seu tempo pessoal, usufruindo cada momento sem a pressa e a pressão para produzir. No entanto, vivem muito mais realisticamente a presença da morte, que se acaba constituindo em uma outra pressão, para sorver com gosto os prováveis últimos tempos de vida.

Já os mais jovens apresentam-se, via de regra, angustiados diante das premências da vida cotidiana, de inúmeras e infindáveis atividades. Sentem-se insatisfeitos e devedores, como se nunca lograssem cumprir as demandas de um senhor invisível e onipresente que, voraz e insaciável, engole tudo o que é feito, demandando sempre mais e mais.

Quando se chega à velhice, quando se encerra a luta pela subsistência, logo a sombra da morte se apresenta, deixando pouco espaço-tempo para o deleite com o fim do jugo do sistema econômico e com a pacificação das exigências externas e internas.

O encontro com os ideais humanísticos acaba dando-se no fim da vida, quando há uma revalorização da própria história, a satisfação perene por todo o passado vivido, a indulgência serena diante dos erros cometidos e o esvanecimento da culpa. Maturidade e humanização parecem ter um estreito parentesco. Não é à toa que em diversas culturas os velhos são ouvidos com tanta deferência.

TEMPO E TRABALHO

Desde que surgiu como espécie, o ser humano trabalha para sobreviver no mundo físico. Nos seus primórdios, apenas defendia-se das adversidades provindas da natureza e lutava para manter-se vivo. Com o passar do tempo, sua ação foi-se sofisticando a ponto de criar um verdadeiro mundo intermediário entre ele e a natureza. Este mundo desenvolveu-se vertiginosamente em termos da criação de artefatos, instrumentos e máquinas que visam (idealmente) facilitar as relações humanas com a natureza. Vivemos hoje o ápice (pelo menos em comparação com o passado) do desenvolvimento tecnológico que, nada mais é do que o resultado do trabalho, desde os seus primórdios até os dias atuais.

O trabalho, enquanto ação transformadora, foi expandindo-se em um sem-número de atividades, desde as manuais até as puramente intelectuais e produtoras do conhecimento.

A partir da Revolução Industrial houve uma significativa mudança nos objetivos e no modo de trabalhar. O incremento do comércio e a busca de lucros financeiros cada vez maiores geraram a divisão do trabalho, a produção em série e o afastamento do trabalhador do produto de seu próprio trabalho. Parte da satisfação parece perdida, pois a atividade tornou-se árida e repetitiva visando ao aumento da produção e à própria subsistência.

Os entrevistados mais jovens mostraram claramente como se sentem pressionados a produzir continuamente para garantir condições dignas de subsistência. Todos possuem formação universitária e fazem parte da classe média, ou classe média alta. Demonstram angústia diante da demanda de quase todo o seu tempo diário para as atividades do trabalho. Somente Alice e Lígia disseram ter tempo livre durante a semana; a primeira por

estar sem trabalho no momento e a segunda por ter-se mudado de São Paulo para uma cidade bem menor.

Chama a atenção o fato de que não estar produzindo, mesmo nos dias de descanso, mobiliza em alguns (Alice e André), sentimento de culpa, como se até o lazer tivesse de ser produtivo.

O tempo lhes parece insuficiente para realizar tudo aquilo que precisam ou devem fazer. A rapidez e a urgência permeiam seu dia a dia, impondo um ritmo acelerado à própria vida.

Por outro lado, os entrevistados mais velhos são mais livres para escolher suas atividades, mesclando o trabalho e o lazer de maneira prazerosa. Por não se sentirem tão pressionados pela busca da subsistência, lidam com o tempo mais tranquilamente. O trabalho tem para eles um sentido de realização pessoal e de liberdade de escolha. São movidos, sobretudo, pelo seu próprio desejo, que os norteia na busca pela satisfação.

Apenas Vera mencionou sentir-se pressionada a trabalhar, como um certo resquício da educação religiosa que recebeu. Sara, por sua vez, já não trabalha, mas demonstra liberdade para optar por suas atividades diárias.

Portanto, o tempo parece lhes pertencer, podem aproveitá-lo com mais parcimônia.

O sistema econômico parece condenar-nos a um fazer infinito em que a produtividade deve sempre crescer. Relendo Simone Weil em suas vivências na linha de montagem, é factível pensar que a fábrica ganhou as ruas e, insidiosamente, penetrou em nossas casas, instalando em cada canto um relógio de ponto, estabelecendo metas de produtividade e apoderando-se do tempo pessoal.

Se toda a crítica marxista centrou-se na dominação da classe operária pela burguesia em nome da busca de poder e acúmulo de capital, hoje podemos indagar-nos quem é que domina, porque, dominados e aprisionados pelo sistema econômico, somos todos nós, embora de maneira qualitativamente diversa. Não é verdade que um operário ou um trabalhador rural sofram a mesma qualidade de pressão e aprisionamento do que um intelectual ou um profissional com formação diferenciada. A posição ocupada por cada indivíduo na hierarquia social confere experiências diversas no que tange à opressão. Não pretendemos em absoluto nivelar a estrutura social, minimizando com isso a dominação por uma classe que tem acesso aos bens de consumo e culturais sobre outra que, submetida, vive a privação e experimenta a humilhação social. O que estamos afirmando é que não existe, do nosso ponto de vista, a isenção de opressão exercida sobre a própria classe dominante pelo sistema capitalista, que nos insere a todos na roda-viva da produtividade crescente e do consumo desenfreado.

Constam nas entrevistas reflexões interessantíssimas (principalmente as de Antonio e de André) sobre a realidade em que vivemos. Referem-se a um fazer desmedido, à realização de atividades desnecessárias e destituídas de sentido para a alma, que conferem volatilidade ao tempo. A luta pela subsistência em um mundo voltado para o acúmulo de capital como fim em si mesmo acaba desmanchando os laços do indivíduo consigo mesmo e com os outros.

O conceito de reificação, enquanto supremacia dos objetos sobre o humano, indica a predominância do elemento quantitativo e de uma realidade abstrata sobre o qualitativo e a experiência concreta nos âmbitos social e psíquico. Assim, há uma dissociação da totalidade das experiências humanas que, empobrecidas, tornam-se fugazes e superficiais, deixando um travo de frustração e desalento.

Marta reafirma, em seu depoimento, como o trabalho extenuante voltado para a obtenção do sustento familiar acaba por enfraquecer o vínculo afetivo com seu marido, deixando-a com um sentimento de solidão e desesperança.

André também lamenta tanta correria em função do trabalho, que acarreta o que denominou "saudade do futuro" ou sentir falta daquilo que não viverá e que um dia imaginou, como um passeio com a filha adolescente.

Pensemos, então, um pouco sobre estes sentimentos descritos por nossos depoentes, incluindo a culpa que mencionamos anteriormente. Sabemos que o sistema econômico e a configuração do *modus vivendi* pós-moderno são determinantes para as experiências humanas. Entretanto, é preciso compreender, do ponto de vista psicológico, como se dá este processo.

A "naturalização" do curso da vida como ela é nas grandes cidades parece-nos um aspecto fundamental a ser considerado: significa que as coisas acontecem como têm de acontecer, como se fossem fenômenos da natureza, sem possibilidade de questionamento ou intervenção. Assim, o corre-corre diário, o acúmulo de atividades, o individualismo crescente, a alarmante injustiça social, a ocupação desordenada do espaço público, a violência urbana e a destruição do meio ambiente acabam tornando-se aspectos inerentes à vida do indivíduo como se não houvesse outra alternativa. São fenômenos culturais que, por sua intensidade, constância e duração, banalizam-se e passam a ser vistos com naturalidade, a ponto de fazerem parte do curso próprio da vida.

Como resultado da rapidez e da descontinuidade das relações vividas, perdemos parte de nossa capacidade perceptiva, ponto de partida de todo o processo cognitivo, que vai da simples observação do mundo até a complexa elaboração de pensamentos e afetos. Assim, deixamo-nos levar pelas correntes do factual, da superficialidade do mundo das imagens que, por seu imenso volume e diversidade, impedem o tempo propício para a tomada de consciência, para o trabalho da memória e para o estabelecimento de novas relações entre as ideias. Ficamos, então, "naturalmente" aprisionados no primeiro estágio de contato com o mundo, essencialmente senso-perceptivo e que desencadeia comportamentos imediatistas e superficiais.

Nas palavras de Ecléa Bosi, inspiradas nas ideias de Bergson,

> [...] na medida em que a vida psicológica entra na bitola dos hábitos, e move-se para a ação e para os conhecimentos úteis ao trabalho social, restaria pouca margem para devaneio para onde flui a evocação espontânea das imagens, posta entre a vigília e o sono. (p. 39)

Faz referência à memória-hábito, presente, em maior proporção, na *vita activa*, em contraposição à memória-sonho, preponderante na *vita* contemplativa.

A primeira é fundamental para a vida cotidiana, para a reprodução dos atos aprendidos e para a organização das atividades funcionais da casa e do trabalho. Já a memória-sonho é responsável pela ruptura do hábito e da lógica, ao apresentar conteúdos mnêmicos singulares voltados para a fantasia e para a criatividade.

Ora, se estamos constatando que a *vita activa* vem apoderando-se da quase totalidade do tempo dos indivíduos, o que resta da atitude contemplativa?

A vida vai ficando reduzida a atos cotidianos repetitivos e automáticos sem a intervenção disruptiva da memória-sonho, que poderia mobilizar a intuição e a criatividade. A suspensão necessária do agir que propicia a atividade do pensamento não ocorre: somente a exaustão nos faz parar, apenas para cumprir as horas fisiológicas do sono.

Os entrevistados mais jovens apresentam um desequilíbrio entre atividade e contemplação, trabalho e lazer. Sentem não ter tempo suficiente para fazer o que é preciso. Será que esta falta crônica de tempo não é uma queixa velada da falta de tempo subjetivo que estaria vinculada à *vita contemplativa*, à memória-sonho, à suspensão da atividade propiciadora do pensamento?

Apesar do fazer contínuo, a sensação de falta de tempo permanece. Então é oportuno considerar que a falta de tempo está em outro lugar, ou seja, a questão é qualitativa e não quantitativa. Aqui novamente é possível relembrar a reificação enquanto mercantilização da vida. O tempo, mercadoria rara e valorizada, é consumido pela ação contínua e ruidosa, deixando de ser usufruído pelo estar silencioso do sujeito diante de si e dos outros.

Falta tempo para processar o volume crescente e avassalador de informações advindas do mundo exterior. A permanência é uma experiência rara em nossos dias. Não é à toa que o tempo parece passar rápido demais, principalmente quando se realizam atividades pouco significativas, como disseram André, Pedro e Antonio.

O consumo exacerbado para satisfazer falsas necessidades criadas pela propaganda e que são fortemente veiculadas pela mídia confere um fundo de insatisfação permanente que, por sua vez, tende a ser aliviado pelo consumo, formando, assim, um círculo vicioso. Há um incentivo tal ao consumo, à máxima produtividade que, paradoxalmente, ocorre o desperdício e a perda

do tempo fundamental de vida em sua essência subjetiva e social na esfera da convivência compartilhada.

Diante de tal panorama, poderíamos imaginar que todos estamos absolutamente alienados e inconscientes desta realidade.

De maneira geral, os sujeitos desta pesquisa demonstraram estar conscientes e críticos sobre o modo de vida atual, sobretudo Antonio e André, que teceram comentários importantes sobre *marketing*, mídia, tecnologia e consumo. Sara e Vera lamentam a configuração do mundo atual, considerando-o desumano, violento e pouco promissor para as crianças e para os jovens. Lígia também se referiu às dificuldades de se viver em uma grande cidade, com população numerosa, trânsito, trabalho e falta de tempo para a convivência.

Poderíamos pensar que estas são apenas algumas poucas pessoas conscientes, em meio a uma grande massa adormecida. Pode ser, mas também é possível considerar que, individualmente, as pessoas são capazes de refletir, faltando-lhes, somente, a oportunidade de viver as experiências grupais de intercâmbio de ideias.

Após dias extenuantes de trabalho, o lazer é buscado como uma espécie de descarga de toda uma energia psíquica represada pelas barragens do tempo medido e da produtividade crescente. A individualização das experiências vividas vai ocorrendo inclusive de acordo com a própria configuração das cidades, espaços estranhos e violentos que afugentam seus habitantes para seus espaços pessoais ou de consumo. "As pessoas trabalham, trabalham, trabalham, e não veem a hora de chegar o fim de semana. Quando chega o fim de semana, 70% da população fica em frente à televisão assistindo àqueles programinhas 'globais' e aí chega a segunda-feira. Eu não sei se àquela expectativa absurda que eles tinham de chegar o final de semana para estar com quem eles queriam, eles dedicam atenção com qualidade". (Lígia)

Tais fatores promovem um isolamento das pessoas, dificultando a formação de outras parcerias em nível mais amplo. Significa que a possibilidade de ultrapassar os automatismos sociais, por meio da voz ou do gesto, que disparariam um processo novo e imprevisto, sucumbe ao cansaço e à descrença na transformação do mundo. "É a mesma coisa, por exemplo, invadiram o Iraque lá, e tal, por causa do petróleo, quer dizer, as pessoas, ah, isso é o de menos: as pessoas. Isso vale para os dois lados, porque eles matam os iraquianos que estavam lá, mas matam também os *golden boys* deles, o soldado que tem dezoito anos e foi morrer lá, e está morrendo até hoje, vinte por semana, naquelas bombas que ficam explodindo, e alguém está preocupado com isso? Ninguém, não é? Com uma filosofia assim: é tudo descartável, tudo... Então, cada vez mais, eu acho que essa relação humana vai ficando distante, as pessoas vão ficando distantes umas das outras, primeiro os amigos, depois entre pais e filhos, então você vai criando um exército de infelizes, não é?" (André)

"É também essa sensação de, na parte, por exemplo, de situação mundial, situação do país, de tudo, essa parte mais política, quer dizer, eu fico tristíssima de achar que vou terminar sem ver um sonho que tenho a vida inteira, que tive, da justiça, de igualdade, essa coisa toda, e eu tenho certeza que não vou ver". (Vera)

É bem possível que, com todo o aparato tecnológico da mídia *just in time*, tenha-se tornado obsoleto tentar incutir certa visão de mundo nos indivíduos. Todos sabem o que se passa nos quatro cantos do mundo e, por mais conscientes que estejam, nada podem fazer, pois a impotência, o cansaço, a descrença e o crescente individualismo corroem a capacidade de agir.

Hannah Arendt (2003), ao desenvolver suas ideias sobre a condição humana, desde a antiguidade grega até a modernidade, afirma que, a partir desta, houve paulatinamente a completa substituição da ação pelo comportamento. Segundo a autora, o agir humano está voltado para a vida pública, em que o bem comum está atrelado ao exercício político da ação e do discurso. A mudança de paradigma na modernidade rompe a distinção entre espaço público e privado, deslocando para a sociedade a condução da vida humana, sob o jugo das normas sociais, que tentam reduzir o indivíduo "ao nível de um animal que se comporta de maneira condicionada" (p. 55). A sociedade passa a representar um grande agrupamento de "espaços privados" destinado a manter a lógica do mercado e a reprodução de comportamentos compatíveis com a ordem econômica: trabalhar, produzir, consumir, reproduzir...

Ficou perdido, então, o espaço público da *pólis* grega, em que a palavra e a ação tinham lugar, possibilitando o diálogo, as parcerias e o surgimento de novas ideias e atitudes.

Seria utópico querer reproduzir esse modelo nos dias atuais, em que a população aumentou vertiginosamente, dificultando aquela forma de participação, dadas as circunstâncias históricas tão distintas da *pólis* atual.

O que ocorre, de fato, é que não estamos conseguindo encontrar outros meios satisfatórios para exercer a palavra e praticar a ação. Os jogos eletrônicos de simulação, a internet e os *reality shows* acabam cumprindo este fim, realizando no campo do imaginário a simples descarga virtual de anseios verdadeiramente humanos.

Se há consciência e, ao mesmo tempo, impossibilidade de agir, qual será o caminho viável para reaver o pleno exercício das capacidades humanas?

Ecléa Bosi (2003) nos oferece um ponto de partida quando discute a oposição entre verdade e opinião. Afirma que o conhecimento é adquirido a partir da resistência à opinião, sobretudo àquela propagada pelo poder, ou seja, quando há uma recusa em aceitar o que foi estabelecido sem a plena participação do sujeito. Porém, a condição para que isto ocorra é o desejo e a vontade de "habitar plenamente as coisas do mundo" dirigidos para a ação (p. 125).

É justamente este o ponto que merece reflexão. O mais alto grau de consciência crítica, que questiona o *status quo* e conduz à ação transformadora, depende de um movimento subjetivo do desejo, que, por sua vez, só pode ser disparado pela reciprocidade das relações entre sujeito e objeto, geradoras do livre pensar.

Vimos, anteriormente, que a vida em nossos dias é caracterizada pela falta de espaços-tempos reais de convivência, profícuos ao desenvolvimento do discurso e da ação conjunta. Este é, então, a nosso ver, o aspecto crucial a ser pensado.

O individual e o social é que permitirão dialeticamente o impulso inovador da mudança. O artista e o cientista comprometidos com a aproximação à verdade poderiam iniciar o despertar de tantas consciências entorpecidas pelas pressões da informação incessante, da dura face do sistema econômico e da ausência corrente de objetivos comunitários. A transmissão do conhecimento e a popularização dos bens culturais, com a preservação fidedigna de sua originalidade são, sem dúvida, um elemento-chave para romper com o repouso induzido de nosso campo mental.

A responsabilidade daqueles que puderam aceder aos territórios do saber é redobrada, exigindo firmeza e astúcia para não ceder à sedução do poder que, insidiosamente, também invadiu os campos da ciência e das artes.

Tais ideias lembram Platão, que reservava aos filósofos a missão de conduzir os homens comuns ao conhecimento da verdade, desempenhando, portanto, um papel diferenciado e especial.

Não quer dizer que sejam superiores ou que devam exercer algum domínio sobre os outros. Significa, pelo menos no sentido em que estamos pensando, que o talento, a vocação, as oportunidades recebidas e procuradas e o trabalho árduo devem estar comprometidos com objetivos humanísticos.

Voltamos, então, ao começo, quando descrevemos os primeiros trabalhos humanos, no início dos tempos de existência da espécie. A intenção era proteger-se, cuidar de si e dos outros, melhorar as relações com a natureza, obtendo, enfim, a sobrevivência. Fomos afastando-nos paulatinamente daqueles objetivos, para desenvolver grosseiramente o *homo economicus*, quantitativo e utilitário em sua essência, voltado à produção e ao consumo dissociados das contingências sociais.

O trabalho só pode ter sentido e finalidade se puder reconectar-se aos objetivos comunitários, dosando produção, convivência, descanso, criatividade e prazer. A dissociação entre trabalho e lazer revela a oposição entre o desprazer vivido com o primeiro e o alívio experimentado com o segundo.

Os depoentes reclamam tempo para além do trabalho (tempo da convivência, da percepção do mundo, da elaboração de vivências). O trabalho humano, na acepção da palavra, poderia envolver o que hoje se almeja, resgatando a dignidade dos antigos artesãos. Para esse resgate, é necessário

Marília Pereira Bueno Millan

desenvolver o *homo sapiens* que, espécie em extinção, é o elo fundamental de ligação com uma qualidade de vida superior no planeta.

TEMPO E TECNOLOGIA

No último século, houve um fantástico desenvolvimento tecnológico, que aproximou a realidade das mais instigantes previsões do futuro. Mais especificamente, de cinquenta anos para cá, do telefone e da então incipiente televisão, foram inventadas as mais sofisticadas máquinas, que permitem contatos imediatos com os diversos e longínquos locais do planeta. A medicina desenvolveu-se sobremaneira, havendo com isso um aumento significativo da expectativa de vida. Facilidades no cotidiano, de locomoção, de comunicação, de realização de tarefas, transformaram o perfil do existir humano.

Da ficção científica para o mundo real, chegou-se a um pretenso ideal em que a vida seria mais intensa, satisfatória e livre de atos repetitivos. No entanto, não houve, neste sentido, tal correspondência entre o avanço tecnológico e o aprimoramento da qualidade de vida dos indivíduos.

Se as máquinas fazem grande parte do trabalho que antes cabia ao ser humano, por que não se consegue usufruir o tempo livre, ou melhor, por que o tempo não se tornou mais livre? André e Antonio afirmam que, atualmente, as pessoas realizam um grande número de atos desimportantes, desconectados de qualquer satisfação pessoal. Há um acúmulo de atividades mecânicas que nada acrescentam à alma. As pessoas são eficientes em lidar com a tecnologia, mas tornam-se incompetentes no relacionamento com os outros.

Vimos, no item anterior, que o sistema econômico exerce uma pressão acentuada pelo aumento da produção e pelo consumo incessante. As máquinas aceleraram a confecção de produtos, o comércio expandiu-se, os mercados mundiais ampliaram-se e o consumo cresceu vertiginosamente. O capitalismo tornou-se o sistema econômico hegemônico mundial, ditando as leis do mercado global, com o objetivo de acúmulo máximo de capital e, consequentemente, de poder político.

tempo e felicidade

Vê-se, então, que não é possível pensar no progresso tecnológico e no sentido que este tem para a vida humana sem considerar as circunstâncias econômicas e históricas.

A derrocada final dos sistemas ditos socialistas da Alemanha Oriental e da União Soviética no início dos anos 1990, já muito distorcidos, se comparados às ideias originais de Marx, ocasionaram o avanço triunfal do capitalismo, suplantando os esforços de alguns em prol do bem-estar da maioria.

O humanismo remanescente das ideias iluministas aparece em células isoladas do tecido social, como centros de resistência à expansão indelével do capital. São as organizações não governamentais (ONGs), as associações ligadas às igrejas, as centrais de trabalho voluntário e diversas fundações que mantêm vivo o interesse pelos assuntos comunitários, para além do mundo dos objetos. Paralelamente, as manifestações artísticas não capturadas pelo sistema são verdadeiras ilhas de resistência que, com irreverência e criatividade, desmontam as artimanhas da estrutura presente.

A pesquisa que realizamos revelou que todos os entrevistados percebem os benefícios trazidos pelo desenvolvimento tecnológico que facilitam muitas atividades do cotidiano, como a comunicação entre as pessoas, o tratamento de diversas doenças etc. Entretanto, apontam que a tecnologia acabou distanciando as pessoas, ocupando o lugar de muitos indivíduos no trabalho, desumanizando as relações humanas, sofisticando as armas de guerra e de destruição, aumentando a exigência do desempenho das pessoas.

É interessante observar que há um tom de ponderação nas respostas dos depoentes, o que também mostra um bom nível de consciência da realidade vivida. Os mais velhos mostraram-se mais reticentes com o advento das novas tecnologias. Sustentam que a rapidez e a criação de tantos objetos eletrônicos provocam o isolamento e a perda de oportunidade dos contatos humanos.

Antonio afirma que há economia de tempo, por um lado, mas, por outro, as pessoas acumulam tantas atividades e necessidades, que o tempo acaba ficando mais curto. O acesso aos lugares e aos objetos é mais rápido e fácil, porém o significado é perdido na medida em que as coisas não são vividas integralmente.

Aqui aparece a ideia de pulverização das experiências, aspecto presente no sistema capitalista pós-revolução industrial. O trabalho, a produção dos objetos, foi subdividida em várias etapas, ficando, cada uma delas, sob a responsabilidade de um operário. Essa divisão alienou o trabalhador do produto acabado, dissociando o trabalho da satisfação pessoal. O resultado foi, como já vimos, a perda do sentido do trabalho como vida, para tornar-se apenas meio de subsistência.

A partir daí, o ícone "velocidade" ganhou espaço em todas as atividades humanas, o que pode prejudicar o aproveitamento subjetivo de cada uma delas. Se pensarmos que até a alimentação tornou-se *fast food*, veremos o quanto de urgência faz parte do cotidiano. A experimentação, a degustação e a consciência afetiva do ato que se realiza ficam esvaecidas pela pressa e pelo automatismo. Viver profunda e integralmente demanda qualidade de tempo.

Alice e André mencionaram um aspecto de grande importância, o fato de o avanço tecnológico ter provocado um aumento da exigência das pessoas em relação ao seu próprio desempenho. A internet abre as portas às maiores bibliotecas do mundo, então a pesquisa que se realiza tem de ser a mais completa possível. As informações são tantas que o sujeito cobra-se um saber infinito, que nunca lhe parece suficiente e que não é verdadeiramente internalizado.

Consumir objetos, consumir alimentos, consumir informações, consumir pessoas, são estas as imposições do sistema econômico, que assumimos como necessidades e deveres naturais e pessoais. A autoexigência, neste caso, já é um sinal de que internalizamos com êxito os ditames do capital. Cabe aqui exemplificar o que chamamos de consumo de pessoas, pelo "ficar" dos adolescentes. Os namoros entre os jovens são mais raros, comumente há encontros fortuitos em que o contato físico é preponderante (estimulação sensorial) e a fugacidade das relações é a marca registrada. Logo um novo parceiro é buscado para novamente ser rapidamente consumido e esquecido.

Quanto à utilização do computador e da internet, todos os entrevistados mais jovens fazem uso diário e apenas Antonio entre os mais velhos é adepto destas novas tecnologias. Os mais velhos não se sentem atraídos e nem mesmo interessados pelo computador. Consideram que podem viver bem sem aprender a manejá-lo. Enquanto que os mais jovens utilizam-no para trabalhar e comunicar-se.

Observa-se aqui certa resistência dos idosos em relação às máquinas, na medida em que acabam fazendo uma contraposição destas com os seres humanos. Sara considera que houve uma substituição das pessoas pelas máquinas, o que provoca desemprego e perda de contato.

Vera teme que o desenvolvimento tecnológico implique perda de liberdade de escolha e de pensamento.

Pedro aponta para os riscos de o ser humano tornar-se escravo das máquinas, perdendo assim certos aspectos humanísticos do viver.

Antonio pondera que o uso exagerado da tecnologia deixa embotada a capacidade de aprendizagem de, por exemplo, construir um objeto ou um brinquedo por sua própria conta.

Tais comentários conduzem a indagações acerca do papel da tecnologia no mundo humano, filtradas pelas reflexões do idoso.

Hanna Arendt (2003) teceu importantes considerações sobre o significado dos instrumentos e utensílios *versus* tecnologia. Segundo a autora, um instrumento define-se como sendo uma extensão do corpo, como um meio para atingir o fim último de produzir objetos. Instrumentos e utensílios foram criados para facilitar e promover a relação com o mundo.

Quando, inaugurando a Revolução Industrial, a máquina a vapor foi implantada e, depois dela, tantas outras cada vez mais sofisticadas, inverteu-se a relação anterior, ou seja, o corpo humano passou a se adaptar ao movimento da máquina, e não o contrário, como ocorre com os instrumentos e utensílios.

A questão que se coloca não é tanto se somos senhores ou escravos das máquinas, mas se elas ainda servem ao mundo ou se o estão dominando e destruindo.

De nossa parte, pensamos que, inicialmente, os instrumentos eram como que extensões do corpo; já as máquinas, mais precisamente aquelas regidas por computadores, são extensões do cérebro. A substituição não é mais só das mãos do artesão pelo movimento automático da linha de montagem, mas de nossa capacidade de ser pensante que nos define como espécie.

O uso contínuo e crescente de pequenos aparelhos eletrônicos que, paradoxalmente, conectam-nos e nos desconectam do mundo social, é a marca registrada de nosso tempo. Os telefones celulares, por exemplo, mantêm um acesso direto entre as pessoas. Porém, são contatos superficiais que acabam substituindo os encontros ao vivo. A internet com suas redes sociais, *MSN, Orkut, Facebook,* entre outras, transformam a linguagem em abreviações grosseiras, isolam os indivíduos em seus espaços pessoais e tornam os relacionamentos breves contatos sem profundidade ou comprometimento.

O *iPod* privatiza a música em concertos solitários, afastando do grupo social a experiência de ouvir em conjunto e compartilhar emoções. Há situações extremas, em que os jovens vão a festas embaladas por música *techno* (produzida pelo computador), consomem *ecstasy* (droga estimulante), dançam a noite inteira sozinhos e, muitas vezes, ficam conectados aos seus próprios fones de ouvido, escutando sua própria música, sem interagir com os que estão ao seu redor.

Da mesma forma, os jogos eletrônicos exercem grande atração, ocupando o tempo com suas cores, luzes e desafios. Novamente aparece a tendência ao isolacionismo, à distração alienante e ao embotamento das relações humanas. Vivemos "brincando" e teclando, atraídos pelo fascínio dos sons, das luzes e da *performance* das máquinas.

Em termos psicológicos, recebemos estimulação sensorial constante, cujo poder de atração impede que haja progresso no processo perceptivo até a elaboração do pensamento. É como se ficássemos naquilo que Piaget denominou de estágio sensório-motor, ou seja, somos mobilizados pelas sensações e nos movimentamos de acordo com elas. Trata-se de uma das formas mais primitivas do desenvolvimento, o que mostra como subaproveitamos nossa capacidade cerebral.

Ocorre um desequilíbrio entre o potencial afetivo-cognitivo e sua utilização nos assuntos inerentes à vida. Parece que todo este potencial está sendo canalizado para a criação de novos artefatos tecnológicos, em detrimento de outros temas existenciais.

Vive-se um estado de apaixonamento em que se é capturado pelo imediatismo das sensações prazerosas do olhar, do ouvir e do tocar. Como os órgãos dos sentidos fornecem experiências que se esgotam rapidamente, porque a novidade está diretamente relacionada ao prazer imediato, precisamos de quantidade, de vários novos objetos que mais uma vez nos estimulem.

Os descartáveis, além de atenderem às exigências do consumo, satisfazem os sentidos ávidos por novos entretenimentos.

Assim, as máquinas não são meios para que um determinado fim seja atingido, são fins em si mesmas que perpetuam a busca pelo prazer imediato, transformando o tempo em um eterno presente, condição primeira da satisfação dos sentidos. O passado e o futuro, que poderiam ser acionados pela memória e pelo pensamento, permanecem excluídos da atividade mental, empobrecendo as relações do indivíduo com o mundo.

As máquinas, cada vez mais inteligentes e polivalentes, substituem a inteligência e a inventividade, que deixam de ser usadas para a descoberta do mundo e das pessoas.

Por outro lado, o grande desenvolvimento tecnológico e científico permitiu a descoberta de novos medicamentos e aparelhos precisos para o diagnóstico e tratamento de diversas doenças, o que, sem dúvida, como os entrevistados apontaram, melhorou substancialmente a qualidade e a expectativa de vida.

No entanto, há uma tendência em substituir o olhar pelos atributos da máquina na área da saúde, por exemplo. Os exames de laboratório e de imagem são supervalorizados, substituindo, inclusive, o exame médico clínico e a relação médico-paciente, como fontes fidedignas de informações sobre o caso a ser tratado. Mais uma vez, as relações próximas são preteridas em função da tecnologia, aprofundando o abismo inter-humano.

Em síntese, pode-se dizer, então, que a tecnologia encurta o tempo dedicado a determinadas atividades, facilitando sua realização. Contudo, da

maneira que vem sendo utilizada, impõe um ritmo acelerado ao cotidiano, limita as relações sociais e embota capacidades afetivo-cognitivas.

Se buscávamos mais descanso e tempo livre, com o advento das máquinas, obtivemos apenas o empobrecimento de várias funções psíquicas, tais como a memória, a percepção, o raciocínio, a experiência afetiva, a criatividade.

O progresso técnico e a razão utilitária entorpecem estas capacidades, ocasionando um vazio subjetivo que é prontamente preenchido pelo consumo consolador de novos objetos que distraem e usurpam a atenção. Forma-se então um círculo vicioso que relaciona o estreitamento do campo mental à ampliação do universo do consumo, em uma constante reprodução da lógica do capital.

Quando formulou sua utopia sobre um tempo em que os indivíduos saberiam combinar progresso tecnológico, recuperação de suas potencialidades intelectuais e afetivas e tempo disponível para o trabalho e o descanso, Marx objetivou sua crença na convivência harmônica entre homens e máquinas. Creditava ao sistema capitalista a responsabilidade pela usurpação do tempo humano e pelo mau uso da tecnologia voltada apenas para o aumento da produção e do lucro. Não há, portanto, uma crítica ao progresso tecnológico em si, mas ao sistema econômico que dele se apropria.

É oportuno considerar que a humanidade atingiu um fantástico desenvolvimento tecnológico e científico que não foi absolutamente acompanhado pela evolução dos paradigmas humanísticos. A supremacia da racionalidade e da capacidade de fazer cálculos não são suficientes para assegurar a qualidade de vida e de convivência social.

Realizado o sonho de domínio do mundo instrumental, perde-se o rumo dos projetos presentes nas mais diversas revoluções ao longo da história que visavam à liberdade, à paz, à vida digna para todos e à relações mais fecundas.

É inevitável que se faça a indagação sobre as possíveis razões que geraram este abismo entre técnica e humanismo.

Certamente não foi por falta de brilhantes pensadores, que felizmente existiram em todos os momentos históricos, inclusive naqueles dominados pelo mais profundo obscurantismo. Existiram (e ainda existem) ideias e quem as pense. Por que, então, não são postas em prática? O que ocorre, neste momento, entre o pensamento e a ação?

Adentramos aqui no complexo universo das relações entre natureza, formação da personalidade e cultura.

Ecléa Bosi (2003) discute as tendências à submissão e à rebeldia, presentes em cada membro da sociedade, a partir da novela *O capote*, de Nikolai Gógol. Sustenta, com base nos estudos de Merton, que o conformismo é o tipo de adaptação mais comum à ordem social, no qual são aceitos os meios disponíveis para atingir os objetivos propostos pelo sistema vigente. Os conformistas obedecem e atendem às expectativas constituintes da ordem social.

No extremo oposto aparece a rebelião, modo mais raro de relação com a ordem social. Reúne aqueles indivíduos que consideram ilegítimos tanto os meios quanto os fins da estrutura social em que vivem, o que os mobiliza a buscar alternativas. Entre a tomada de consciência, a denúncia do mal da estrutura presente, até a ação política organizada, existe um longo caminho a ser percorrido.

A autora lembra que a obediência aos ditames da ordem social, aliada ao silêncio diante de atrocidades cometidas contra os dissidentes, foi responsável, no curso da história da humanidade, por males maiores do que aqueles causados pela rebeldia e pela resistência ao *status quo*. Nas palavras de Bosi, "pessoas comuns, cumprindo sua tarefa, podem tornar-se agentes de um processo atroz de aniquilação. Raros têm força ou recursos internos para resistir" (2003, p. 129).

A marca da individualidade, tão confundida em nossos dias com individualismo, é o que pode fazer diferença na construção de uma ação transformadora. Alguns indivíduos são mais sensíveis às contradições do sistema e, ao denunciá-las, podem ser considerados excêntricos ou loucos.

Por isso tantos filósofos, cientistas e artistas são excluídos, torturados ou mortos ao longo da História.

Fica claro, porém, que estes não são a maioria, são poucos que, com talento, determinação e força de vida, emitem sons dissonantes à melodia previsível do conformismo e da alienação.

As ações revolucionárias também derivam da persistência de singularidades que, mesmo silenciadas ou silenciosas, exercem influências nas instituições. A resistência, durante a 2ª Guerra Mundial, é um exemplo histórico de como, nos subterrâneos das cidades dominadas pelo nazismo, houve a construção de uma rede de solidariedade e luta que ajudou imensamente a abalar a estrutura do sistema vigente. Antonio é um exemplo vivo dessa resistência, pois lutou bravamente contra os nazifascistasna Itália. As qualidades originais de alguns indivíduos são determinantes na conquista dos contingentes humanos necessários à ação política organizada, em busca de justiça e equidade.

Retomando, agora, a questão do tempo e da tecnologia, é conveniente lembrar que os artefatos tecnológicos e científicos foram capturados pelo sistema econômico. São utilizados para reproduzir a ordem social que atende aos interesses primeiros do capitalismo. Da mesma forma, o tempo dos indivíduos foi usurpado e transformado em moeda corrente – "tempo é dinheiro".

O tempo veloz da máquina é valorizado e almejado, enquanto o tempo lento das experiências subjetivas é negado e abolido do cotidiano das grandes cidades.

Diante de tal quadro, o indivíduo se ausenta e deixa o dispositivo eletrônico em seu lugar, substituindo-se a si mesmo como a uma peça obsoleta e ultrapassada. O resultado é um frenesi constante de atos (in)voluntários ditados pelo tempo urgente de engenhocas cada vez mais sofisticadas que, diariamente, são remodeladas.

Conformados a um estado de coisas em que os objetos passam a reinar absolutos (reificação), deixamo-nos levar pelas águas mornas e insalubres, porém já conhecidas, de rios de iniquidade e injustiça social que, indubitavelmente, levam ao incremento da violência.

Alguns de nossos entrevistados, especificamente Antonio e André, fizeram análises profundas e articuladas da condição humana no momento atual.

Sensibilizadas e conscientes da desigualdade social, Sara e Vera lamentaram a situação mundial e a dor de não poderem presenciar a chegada de tempos melhores.

Na mesma linha, Pedro e Lígia questionam a possibilidade de transformação da natureza humana que, segundo eles, teria muito que progredir em termos de capacidade amorosa, tolerância e altruísmo, além da contenção do ódio e da violência contra os seus iguais.

Vê-se que, menos por acaso e mais por terem sido conscientemente escolhidos para esta pesquisa, a maioria dos depoentes são pessoas sensíveis e que, ao longo de suas vidas, vêm resistindo ao *status quo*. À sua maneira, Alice e Marta também estão em busca de um mundo melhor: a primeira procurando um trabalho de cunho social e a segunda criando seus filhos com critério e dedicação.

São vozes qualitativamente importantes que, se ouvidas, podem ser sementes de ações transformadoras e constituir-se numa contribuição para novas reflexões sobre o tempo.

Passado, presente e futuro

As entrevistas mostram pessoas que tentam aproveitar o seu tempo de vida. Os mais jovens estão mais ávidos, com uma urgência de aparar as arestas do presente para viver um futuro mais pleno e tranquilo.

Os mais velhos são mais serenos, consideram o passado bem vivido e parecem ter elaborado suas culpas, perdoando-se pelos erros cometidos, com indulgência.

A infância é mencionada como uma fase marcante por todos: a convivência com a família, a relação com os pais, as viagens de férias, os dissabores...

O período da vida em que ocorre o processo de socialização fica firmemente registrado na memória, não tanto como lembrança de acontecimentos, mas como experiências de alto teor afetivo. São recortes de fatos longínquos carregados de fortes sentimentos que insistem em permanecer vivos na memória dos entrevistados.

Marta lembra-se de como foi repreendida por sua mãe por haver repetido palavras de baixo calão que ouvira na rua, quando contava com apenas quatro anos. Enquanto relata, ainda é possível perceber a sua dor e revolta diante da situação.

Alice recorda-se do dia em que seu pai a ensinou a pegar um sapo sem tocar-lhe a região que expele veneno. Tal evocação trouxe de volta um visível sentimento de satisfação por ter recebido atenção e carinho de seu pai.

André rememora a cena em que brincava com seus carrinhos nos tapetes da sala de sua casa, o sol entrava pela janela refletindo no piso e conferindo ao ambiente um ar de aconchego e prazer. Ao contar, seu rosto ilumina-se nostalgicamente, recuperando em parte a infância tão bem vivida.

Vera menciona a fazenda em que viveu: os bichos, o mato, andar de carro de boi, nadar no rio. Lembra com saudade daquele tempo bom da infância e diz ter vontade de revivê-lo.

Sara conta como, com três anos de idade, colocava cigarro na piteira do seu pai e o ouvia, embevecida, tocar piano. A família era muito unida e a música sempre fez parte de sua vida. Fala desta época com saudade, orgulho e a certeza de que viveu algo precioso que, de seu ponto de vista, não existe mais nos dias de hoje.

Antonio recorda com precisão a fuga para a casa de seus avós quando tinha apenas seis anos. Seus pais estavam separados, morava com suas tias, mas nem sempre se sentia acolhido e amado. Percorreu um longo e escuro caminho até chegar à casa dos avós, onde foi recebido com alegria e amor. Seu avô o defendeu perante suas tias, criticando-as por não saberem lidar bem com o menino. Sentiu-se vitorioso e protegido, considerando este um dos momentos mais marcantes de sua vida.

Pedro lembra que, quando contava seis ou sete anos, pediu ao pai um par de sapatos novos. Como resposta, ele permaneceu calado por alguns segundos e, depois, disse que, se o fizesse, não sabia se haveria comida para todos no dia seguinte. Mostra-se, ainda hoje, revoltado e indignado frente à postura de seu pai, pois naquela época, ele possuía duas fazendas e um casarão, onde eles moravam, o que, de fato, não era um estado de penúria como a situação parecia demonstrar. Não se sentiu compreendido em seus desejos infantis e lamenta que os adultos tenham pouca disponibilidade para ouvir as crianças.

É possível apreender que o adulto de hoje é um gentil e amoroso defensor da criança de ontem. Aquilo que se foi na infância aparece carregado de doce indulgência na fala do presente. Se houve alegria ou dor, a intenção ao recordar a infância parece ser a de salvaguardar alguém que se via indefeso e submetido ao mundo adulto, como também a de valorizar um tempo tão precioso e longínquo.

As tintas da memória são fortes e tenazes quando se trata de rememorar a infância. De um lado, o fato vivido ressurge do ponto de vista da criança e, simultaneamente, o adulto analisa, critica e categoriza a experiência.

Ecléa Bosi (1998), em seu estudo sobre a memória, aponta que a situação evocada sofre um trabalho de remodelagem de acordo com o contexto das ideias e valores de quem a evoca.

O passado é resignificado pelo presente: recordamos o que fomos ontem pelos olhos de quem somos hoje. Trata-se do trabalho de elaboração da memória, numa superposição de verdades (re)editadas.

A história de vida de cada um, as figuras parentais, os irmãos e os avós aparecem nos depoimentos com um sentido profundo da importância de sua própria existência no mundo. O resgate das raízes pessoais devolve aos entrevistados os sentimentos de unicidade e relevância de seu existir humano. Todos os entrevistados demonstraram prazer em falar sobre suas vidas, rememorando, opinando e revivendo episódios significativos. A oportunidade de dar seu depoimento confere importância às histórias vividas.

De que histórias falam? Quem são os personagens? As histórias de vida individuais e familiares tomaram a cena invariavelmente durante quase todo o tempo das entrevistas.

Os mais velhos mencionaram fatos políticos que tiveram importância em sua história. A Segunda Grande Guerra e a Revolução de 1964 apareceram não só como cenários, mas como interferências na vida pessoal de cada um.

Antonio fez parte da Resistência na Itália e cita os bombardeios da guerra como marcas indeléveis em sua vida.

Pedro foi perseguido durante o regime militar, logo após 1964, e lembra-se com angústia dos momentos que passou escondido e afastado das pessoas queridas.

Vera acompanhou a prisão e o exílio de seu marido, também durante o regime militar, relatando com pesar as horas de medo e sofrimento por tanta perseguição e injustiça.

Sara também faz referência à guerra e à participação de seu país no conflito, apesar de não ter vivido diretamente os infortúnios daquela época.

Por outro lado, chama a atenção o fato de os mais jovens não terem feito qualquer menção a acontecimentos políticos, salvo André que discorreu sobre a guerra do Iraque. O que será que se passa? Por que o mundo sociopolítico perde lugar para a trama das histórias individuais?

A história das sociedades ocidentais, principalmente a partir da modernidade, é o eixo fundamental para a compreensão deste fenômeno. A aceleração de todos os processos humanos, a globalização e, fundamentalmente, o extraordinário desenvolvimento dos meios de comunicação são parte integrante do estabelecimento de um novo tipo de relação homem-mundo.

As informações que nos chegam a todo momento dizem, sim, respeito a aspectos políticos, econômicos e sociais, porém, a quantidade supera a capacidade humana de assimilação e de elaboração. Significa que não há tempo suficiente para que as funções cerebrais processem a quantidade enorme de informações emitidas.

Consequentemente, permanecem nos arquivos da memória episódios parciais, retalhos de acontecimentos e peças díspares de um quebra-cabeças que nunca chega a ser completado, rompendo os fios das histórias.

Se a história coletiva perde seu tecido, a história individual toma a cena, ocupando as lacunas deixadas pelos sons ensurdecedores da comunicação de massa.

Voltados para o cotidiano e para os interesses imediatos da vida diária, os entrevistados mais jovens carecem de experiências com a vida pública. Não significa que não tenham uma visão crítica a respeito da realidade, pois, principalmente André e Lígia, expuseram suas reflexões a respeito do mundo atual e do ser humano.

Trata-se de um distanciamento dos fatos públicos que, obviamente, existiram e continuam existindo. Como pessoas de alto nível de instrução, conhecem os acontecimentos, mas estes não se integraram às suas vidas pessoais.

Baudrillard (2001), em contundente comentário sobre os *reality shows*, afirma que, ao longo da história e sobretudo nas últimas décadas, está havendo a supervalorização da vida cotidiana e sua erupção na dimensão histórica. O resultado tem sido o incremento da banalização do mundo e da insignificância da existência humana. Considera ainda que a informação *just in time* e a comunicação universal têm contribuído fortemente para a evolução de todo este processo.

Oprimido pela urgência, pela luta para sobreviver, pela diminuição dos relacionamentos sociais de qualidade, pela alarmante violência urbana, pelo bombardeamento incessante de informações, o homem do século XXI está perdendo sua capacidade de integração, ou seja, sua capacidade de juntar elementos e ter uma visão do todo. Ora, a visão do todo é o tecido da história em que os fios da narrativa vão unindo-se por meio das (inter) locuções humanas.

O não tempo da pós-modernidade desloca a capacidade analítica e sintética para a realidade factual dos atos cotidianos que passam a ganhar o *status* de realizações heroicas.

A individualização crescente significa muito mais o isolamento do que a preservação da originalidade de cada um.

O esvaziamento resultante da passagem fugaz de inúmeras informações vai tornando o próprio cotidiano banal e sem sentido. Há um apego à história pessoal como último recurso de autodefinição e referência.

Simone Weil, na metade do século passado, já apontava para a importância do que chamou de enraizamento, ou seja, da necessidade fundamental de cada indivíduo de participar real, ativa e naturalmente em uma coletividade que conserva vivo o seu passado no tempo presente, contando com a emergência do futuro. Tal participação é natural na medida em que advém automaticamente do espaço, do nascimento, da atividade profissional e do próprio ambiente – daí formam-se as raízes indispensáveis à existência humana (*apud* Bosi, 1996).

O significado de raiz, enquanto meio de fixação do organismo vivo ao solo e de obtenção de nutrientes que garantam sua sobrevivência, esclarece a importância conferida por Weil ao conceito de enraizamento. A terra natal e a história de um grupo social oferecem a base estruturante para o desenvolvimento de seus membros.

Se o passado histórico é desvalorizado, destruído ou perdido em função do imediatismo do lucro e do consumo, as raízes são cortadas e o objetivo mesmo da própria existência perde o sentido.

Para que o futuro tenha algum significado é preciso que a seiva do passado tenha sido absorvida, digerida e recriada, formando uma nova ramificação presente-futuro. Sem ela, não há razão e nem projeto a almejar, o presente torna-se o tronco hegemônico do tempo sem raízes (passado) e sem frutos (futuro).

Configura-se, então, o desenraizamento como perda de parâmetros fundamentais do tempo e do espaço. Desarticuladas, as coisas do mundo deixam de ser meios para se tornarem fins em si mesmas. Culturalmente, passa a haver uma dissociação entre o conhecimento, enquanto corpo teórico, e a experiência viva, que lhe dá subsídios e confirmação, o que torna o processo de aprendizagem, por exemplo, algo frio e desinteressante.

Um de nossos entrevistados, André, disse uma frase muito significativa que pode ser relacionada a todo este processo de desenraizamento: "eu tenho saudades do futuro". É como se todas as experiências fossem vividas tão rapidamente que a absorção de sua seiva e a conexão com outros ramos do tempo estivessem claramente impedidas. E será que de fato não estão? O passado histórico perdeu sua força de raiz, tornando o futuro, já incerto, uma simples abstração cognitiva.

A própria diferenciação entre passado e futuro torna-se nebulosa e a saudade, sentimento relativo àquilo que já foi vivido, é experimentada em relação a algo que nem mesmo aconteceu. André já antecipa que não haverá tempo suficiente para viver as coisas importantes e que, portanto, à escassez de usufruto do passado-presente, corresponde a abundância nostálgica de um futuro inexistente.

Quem sabe não esteja aí a razão de um apego à própria história individual, em que a infância idealizada toma o lugar da história dos grupos sociais. Desenraizado de seu lugar como elo na cadeia humana que constrói a história, o ser humano deste século agarra-se à sua própria saga individual como a última raiz que lhe fornece referências de tempo e espaço.

Por outro lado, quando André diz ter "saudade do futuro", podemos depreender daí o sentido de um tempo que não existe mais, o futuro como um tempo extinto, cuja ausência provoca saudade.

Em outra oportunidade (Millan, 2002), discutimos este ponto a partir do pensamento de Bindé. A capacidade prospectiva só adquire força a partir da conservação do legado daqueles que vieram antes de nós. Pensar no futuro subentende previsão e prevenção, conceitos que incluem as noções de cuidado e de conservação. Portanto, não se pode dissociar a noção de futuro da ideia de passado – só é possível prever e prevenir fatos baseados na experiência já vivida. Na medida em que o passado histórico é desvalorizado, o futuro perde sua visibilidade, e o presente, por sua vez, torna-se hegemônico, movido pela velocidade e pela promessa de satisfação imediata subsidiada pelo consumo incessante.

Voltando, então, às entrevistas, constata-se pelos relatos que os depoentes mais jovens almejam no futuro a felicidade: bons relacionamentos e boa situação financeira. Não fizeram qualquer menção à morte e ao morrer.

Os mais velhos, por sua vez, falaram explicitamente sobre a própria morte. Vera lamenta que haja pouco tempo para realizar seus projetos de vida, isto é, não considera que tenha feito tudo o que desejou, mas avalia que não tem mais tempo para concretizá-lo. Revelou-se angustiada e apegada amorosamente à vida, temendo adoecer e dar trabalho aos seus filhos.

Sara mostra-se serena diante da possibilidade de morrer a qualquer momento. Diz-se satisfeita com o que viveu e com tudo o que realizou. Demonstrou tristeza pela perda de seu marido, afirmando que não havia mais sentido em viver sem ele.

Antonio apresenta-se preocupado com sua saúde, constatando suas limitações atuais, mas procurando cuidar-se da melhor forma possível. Afirmou que não imaginava viver tanto tempo e, se soubesse, ter-se-ia prevenido melhor física e financeiramente. Vislumbra o futuro com saúde, serenidade, amor, tranquilidade e um pouco mais de dinheiro.

Pedro coloca-se como alguém apaixonado pela vida, para quem todo dia é a oportunidade de viver e realizar-se. Não mudaria sua vida e pretende que o futuro seja uma continuação do que está vivendo. Almeja, quando a vida tiver que findar, morrer com dignidade.

O passar dos anos confronta o ser humano com sua própria morte e, obviamente, com a vida que pôde viver até então. A ânsia por viver mais está presente nos velhos e é a força motriz da tolerância às limitações impostas pelo tempo, principalmente no que tange à saúde.

Todos os entrevistados mais velhos apresentam problemas de saúde, mais ou menos graves, dependendo do caso: Vera tem glaucoma e depressão recorrente, Sara apresenta obstrução séria da carótida, Antonio tem uma doença neurológica periférica, Pedro descobriu-se com gota. Apesar disso, somente Sara manifestou desejo de morrer logo, do meu ponto de vista, em função do luto pela perda de seu marido. Os outros se mostraram desejosos de continuar vivos e manter a vida que construíram.

A consciência da própria morte e a noção fundamental da finitude humana inserem os mais velhos no que Heidegger (1996) denominou de existência autêntica. A partir dela, ocorre a compreensão de o que se é verdadeiramente, na direção do ser e do estar no mundo com a antecipação do fim inexorável. Delineia-se, então, a temporalidade autêntica: o futuro como antecipação, o passado como retomada do que um dia foi possível e o presente como o instante próprio da decisão.

Em contraposição, Heidegger (1996) desenvolveu a ideia de existência inautêntica, voltada para as ocorrências imediatas do cotidiano, para o fazer corriqueiro das atividades diárias, que estão, fundamentalmente, apartadas da consciência do si mesmo como ser mortal. Nesse sentido, a temporalidade inautêntica define-se pelo presente pontual, pelo passado como o puro pretérito do esquecimento e o futuro transformado na simples expectativa de acontecimentos.

Nossos entrevistados diferenciam-se claramente: os mais novos voltados para a lida diária e para o presente do cotidiano; os mais velhos inseridos na cadeia temporal em que o passado se adensa, o presente se realiza e o futuro é, sobretudo, antecipação.

Ora, não poderíamos, então, dizer que o envelhecimento pôde propiciar o encontro com o modo de existir autêntico? Cônscios de sua própria morte, já afastados da *práxis* cotidiana pela subsistência, afeitos à sua natureza e ao seu modo peculiar de ser, os mais velhos tomam o tempo como provisão disponível para ser usufruído como escolha. Parecem pessoas mais inteiras, autenticamente sintonizadas com seu ser e com o seu tempo. Há, contudo, a presença da angústia que diz respeito, na velhice, à perspectiva da morte.

A síntese do passado, como o possível vivido em um lapso de tempo, aliada à elaboração de vivências afetivas, vai permitindo que o idoso (re)estabeleça o presente como o dado empírico do sucesso de sua existência, ainda que o futuro seja concebido como a concretização da finitude. Estar vivo no presente é o lucro obtido dos investimentos do passado. A proximidade da morte é mobilizadora de angústia, pela consciência da finitude, porém esta mesma angústia é força motriz de vida que urge pela escassez do tempo e pela descoberta da fortuna do ser pleno de si mesmo.

Se é assim que as coisas se passam na velhice, o que dizer do tempo da maturidade produtiva, estágio em que se encontra a outra metade de nossos entrevistados?

As preocupações com as realizações cotidianas, com o sustento familiar e com o desempenho profissional colocam esses indivíduos na contramão da existência autêntica. O mundo exige desempenho e resultados, a vida para fora de si prima pelo desempenho de papéis sociais e pelo afastamento do que se é verdadeiramente. Por outro lado, a juventude ainda presente desloca a ideia da própria morte para um outro tempo.

Alice, que teve perdas significativas precocemente, menciona a morte como algo passível de ocorrer a qualquer momento, mas a sua angústia parece mais concentrada no passado, das perdas, do que no futuro, da morte. A consciência da morte fica eclipsada pela premência das demandas do dia a dia, em uma busca urgente de satisfação pessoal.

Não bastaria, portanto, saber que a morte é um possível; é imprescindível deixar-se penetrar pela inexorabilidade de seu próprio fim. Esta

consciência parece possível pela integração das temporalidades que advém do desprendimento das lides cotidianas e da assunção de seu próprio ser autêntico.

Os jovens precisam provar seu valor intelectual, profissional, estético e afetivo. Os velhos já não precisam provar nada para ninguém. Se a morte existe, a vida lhes basta.

TEMPO E FELICIDADE

Não é difícil perceber que todos os entrevistados buscam a felicidade, em relações afetivas satisfatórias, em atividades profissionais gratificantes, em bem-estar físico e mental e no ideal de um mundo melhor.

Freud (1973), em seu trabalho *O mal-estar da civilização*, afirma que o ser humano almeja a felicidade evitando a dor e buscando o prazer. As fontes de sofrimento são três: a supremacia da natureza; a velhice e a decadência de nosso próprio corpo, e a insuficiência de nossos métodos para regular as relações familiares, sociais e políticas.

Uma série de conflitos entre o individual e o coletivo está assentada na própria função de a cultura limitar e inibir os impulsos individuais que ameacem a convivência social. A tendência individual à agressividade e à destruição impede que se crie uma situação de bem-estar para toda a comunidade humana. Habitado por impulsos hostis que se contrapõem a tendências construtivas, o ser humano tem dificuldade para encontrar um equilíbrio capaz de sustentar a convivência harmônica com seus pares.

Neste ponto, Freud questiona a utopia marxista da construção de uma sociedade igualitária e isenta de disputas pela propriedade privada. A presença inata da agressividade e da tendência à destruição poria em constante risco este projeto ideal.

Por outro lado, o autor mostra que as normas sociais e os valores éticos configuram-se como extensões da consciência moral presente no psiquismo individual. O cumprimento das leis deve-se ao temor da autoridade e das consequentes sanções impostas pela justiça. São estes corolários do sentimento de culpa sentido pelo indivíduo que, à mercê da instância moral introjetada, teme e sofre por suas fantasias e desejos, ainda que não os realize efetivamente.

Freud fala da natureza humana e das dificuldades decorrentes que o indivíduo encontra para conviver no grupo social.

O pareamento e as contradições entre indivíduo e sociedade, subjetividade e mundo externo, recordam a contundente frase de Ortega: "Eu sou eu e a minha circunstância" (*apud* Marías, 1959).

Encontrar a felicidade depende da confluência de fatores externos e de experiências subjetivas. As condições básicas de vida, como moradia, alimentação e vestuário, precisam ser minimamente atendidas. Por outro lado, a percepção que cada um tem de sua realidade e circunstância, assim como suas próprias características de personalidade e modo de funcionamento psíquico, acabam tendo importância crucial para a capacidade de experimentar os estados de felicidade.

Estudos científicos e diversos relatos mostram que a correlação entre riqueza material e felicidade, via de regra, não se verifica. Não é o acúmulo de capital, preconizado pelo sistema econômico vigente, que conduz o indivíduo ao encontro de vivências perenes de satisfação subjetiva (Giannetti, 2002).

A partir do material obtido nas entrevistas, pode-se pensar que a felicidade estaria, em nossos dias, relacionada à saúde, a relações afetivas substantivas e duradouras, ao tempo disponível para (con)viver, a atividades profissionais gratificantes e à situação financeira pessoal estável.

Os mais velhos parecem mais felizes, conectados ao simples fato de estarem vivos. O dia a dia e seus pequenos atos cotidianos parecem ter uma força motriz que renova e intensifica o desejo de existir.

Ouvir uma música, ler um livro, falar com um amigo, sair para as compras da casa, satisfazer o sono repentino, brincar com os próprios pensamentos – todos esses atos foram citados como fonte de satisfação pelos mais velhos, cada qual com suas preferências. São ações simples, cotidianas, alcançáveis e plausíveis.

Os mais jovens estão em busca da felicidade, principalmente relacionada à melhor qualidade dos vínculos afetivos, da situação financeira e das atividades profissionais.

Marília Pereira Bueno Millan

Percebe-se um travo de angústia nessa busca, como se houvesse dúvida quanto ao seu sucesso. O tempo os preocupa, não sabem se poderão satisfazer seus anseios, na medida em que estão intensamente envolvidos em uma espécie de roda-viva de compromissos e demandas, via de regra, pouco prazerosos. Há temor de não conseguir realizar tudo o que se planejou para o dia, e culpa quando não se produziu o suficiente. O dia a dia parece um fardo a ser carregado e mesmo a antítese do encontro com a felicidade.

Marías (1989) afirma que viver de maneira profunda o cotidiano, realizando todos os dias determinadas coisas, encontrando pessoas e podendo contar com elas "é a fórmula mais provável de felicidade" (p. 47). Considera que muitas vezes a cotidianidade é confundida com superficialidade, porém, ao contrário, uma vida sem raízes e com poucas habitualidades pode, esta sim, caracterizar-se como superficial, inconsistente e inconstante.

Ao que parece, a felicidade está relacionada à permanência e aos prazeres que duram. Epicuro identifica a felicidade com prazeres tranquilos, duradouros e isentos de dor.

Aliás, o ideal helênico é justamente a perenidade. Aristóteles afirmava que pouco tempo não conduziria ninguém à felicidade, e que, para atingi-la, seria preciso uma vida inteira, com suas mudanças e acasos.

Outros fatores fundamentais envolvidos na busca pela felicidade seriam: viver de acordo com a própria natureza; buscar a autenticidade, assumindo inteiramente sua própria vida, e abdicar dos desejos inexequíveis, cultivando o mínimo possível de necessidades.

Etimologicamente, a palavra felicidade (*felicitas*) significa fecundidade, fertilidade. Ora, para frutificar é preciso que se projete algo para o futuro, na medida em que o fruto advém do plantio e do cuidado ao longo do tempo de maturação. É justamente este um dos aspectos fundamentais, que Marías aponta, para o alcance da felicidade.

Projetar, pretender e imaginar preenchem a vida e lhe dão a dimensão do futuro, o que a torna dinâmica e plena de horizontes possíveis.

Percebe-se que o tempo é fator decisivo para a felicidade: ter o tempo presente para projetar o tempo futuro.

tempo e felicidade

Nossos entrevistados mais jovens estão emaranhados no presente dos inúmeros afazeres cotidianos e visivelmente preocupados com sua real possibilidade de felicidade futura. Na realidade de uma grande metrópole, no início do século XXI, em que as exigências materiais são crescentes, como futurizar esperançosamente, vislumbrando a realização de projetos pessoais? O tempo presente tornou-se hegemônico e a obtenção da satisfação imediata de necessidades elude a felicidade.

A perspectiva de atingir o cume torna a subida da montanha desafiadora e instigante. Porém, se o presente é soberano, ficamos apenas com a íngreme escalada e a opacidade de um cume, sem dúvida, inalcançável.

A busca da felicidade pressupõe o risco de não a encontrar, mas, pelo menos, é indispensável que a flecha do tempo seja lançada em direção ao futuro para que se tenha chance de sonhá-la.

Não podemos dizer que nossos entrevistados mais jovens não anseiem ou imaginem experiências felizes, pelo contrário, procuram-nas. Temem, no entanto, não obter êxito, dadas as condições de vida, em que o tempo parece passar rápido e ser insuficiente para tantas demandas do cotidiano.

O peso das responsabilidades, principalmente com os filhos, sua educação e sustento, além das pressões internas e externas por produtividade no campo profissional, levam esses sujeitos a viverem mergulhados em um inesgotável *fazer* presente.

Entre os mais jovens, Lígia é exceção, na medida em que deixou um grande centro urbano para instalar-se em uma pequena cidade do litoral, além de não ter tido filhos, o que trouxe alterações significativas para sua vida. Ainda assim, sente-se subjetivamente pressionada a produzir mais, considerando sua mudança de cidade um tanto precoce.

Os mais velhos, por sua vez, possuem uma noção mais acabada do que possa ser a felicidade e isso pode ser devido ao fato de terem uma biografia muito mais estruturada. Poderia dizer, então, que ser feliz também está relacionado a contabilizar as próprias conquistas, retroagindo no tempo vivido. Já se pode dizer o que foi conquistado e daí, talvez, advenha o misto de gratidão e nostalgia pacífica que é possível apreender das entrevistas.

"Se falamos de mim, eu não troco minha vida pela de ninguém. Cometi muitos erros, mas os compensei com muitos acertos; tive algumas dores, mas também tive enormes alegrias; engajei-me, não me deixei levar. Sim, deixei-me levar por enlevos, mas não me deixei levar no sentido de me deixar dominar pela vida". (Antonio)

"É, acho que teria gostado de viver as mesmas coisas outra vez. A impressão que eu tenho é que a minha vida foi assim, foram etapas que aconteceram, que eu dei a volta por cima. Eu consegui dar a volta por cima". (Vera)

"Tem coisas do passado que eu poderia mudar... poderia fazer diferente, mas não era o tempo para eu fazer. Não sinto pena. Não precisa esquecer quando você é velho [...] porque é gostoso se lembrar, o que fez errado e o que fez bem, é gostoso se lembrar!" (Sara)

"[...] Então eu necessito do passado porque é a minha história, quer dizer, eu respeito demais a minha história, gosto dela, gosto das coisas vividas, até as coisas ruins [...] É o hoje, mas você viu que tem uma ligação com o passado muito, muito séria, mas não com mágoa. Não, eu preciso ter uma biografia, eu não nasci hoje, eu sou aquilo, ah, eu acho que experiência. O homem experiente não é aquilo que ele fez e sim aquilo que ele é capaz de fazer com aquilo que ele fez". (Pedro)

Na velhice, o passado é uma fonte importante de felicidade, pois não há mais, objetivamente, muito tempo para futurizar. A presença da morte parece promover a volta para a perspectiva do cotidiano: os projetos já não são longínquos, mas referem-se a poucos dias ou horas. Como poderiam os velhos satisfazer-se com o presente, enquanto os jovens mostram-se tão angustiados? É possível que a diferença esteja em como cada grupo vive o presente: os mais jovens parecem utilizá-lo como meio de um fazer incessante, quantitativo, os mais velhos parecem saboreá-lo com a qualidade daquele que antevê a sua partida.

Vera lamenta projetos não realizados, mas busca com energia dar conteúdo ao presente possível.

Antonio lamenta não se ter prevenido melhor financeiramente para usufruir sua velhice, porém confere sentido e vigor aos dias presentes.

Pedro não se deixa abater pela ideia da morte, tenta cotidianamente manter o fio da felicidade conquistada ao longo de toda a sua vida.

O sentido e o conteúdo projetivo são fundamentais para configurar a vida. A ocupação dos dias com atividades que têm significado e finalidade podem proporcionar sentimento de realização. Se, no entanto, as atividades são repetitivas, pressionadas pelo tempo e apenas meios para fins desinteressantes, então as chances de felicidade tendem a desaparecer.

Ocorre que a finalidade pode ser "apenas" manter a vida e essa conquista diária corresponde ao sabor da realização de um projeto a longo prazo para o jovem. São pequenos bocados de vida sorvidos como um lauto banquete.

Nesse sentido, talvez pudéssemos comparar a velhice à infância, na medida em que o bebê também se encanta com os objetos do mundo, mesmo os mais comuns e de uso cotidiano. No entanto, o bebê busca avidamente o novo, abandona facilmente um objeto para conhecer outro. O idoso, ao contrário, resgata, mantém e anseia permanecer com seus caros objetos do passado-presente.

Contudo, tais ideias sobre a velhice podem parecer tendenciosas a ponto de pensarmos que só os mais velhos podem ou conseguem ser felizes. Em primeiro lugar, não se pretende aqui fazer generalizações dessa ordem, mesmo porque a própria natureza deste trabalho não nos permite tal intento. Em segundo lugar, seria um perigoso reducionismo considerar a vida humana sob uma ótica unidimensional, referendada pelo desenvolvimentismo.

A complexidade da existência e a especificidade das fases da vida, vividas de maneira original por cada indivíduo, tornam o problema da felicidade bastante intrincado.

Um bebê pode ser feliz em sua condição infantil, aproveitando as benesses da irresponsabilidade e suportando as agruras da dependência quase absoluta. Uma criança pode ser feliz com a aquisição crescente de autonomia, por meio de infinitas brincadeiras e pela descoberta do mundo social. Precisa suportar, no entanto, os limites impostos pela socialização e a dependência relativa do entorno familiar.

O adolescente, por sua vez, pode encontrar a felicidade na convivência grupal, nas experiências amorosas e no usufruto de maior liberdade

de escolha e ação. Sofre, contudo, pelas intensas transformações psicofísicas nesta fase, o que provoca angústia e pesar.

O indivíduo adulto pode ser feliz ao fazer projetos, conquistar sonhos e encontrar amores. Deve, porém, tolerar as responsabilidades de se autossustentar, de gerir sua vida e de cuidar dos mais jovens e dos mais velhos.

Finalmente, o idoso pode ser feliz pelo usufruto daquilo que foi conquistado em sua vida: relação amorosa, amizades, bens materiais, maturidade, sabedoria... Entretanto, a realização de projetos é confrontada com a escassez do tempo e com a morte, o que, sem dúvida, exige tolerância à angústia.

Destas fases, o que se pode observar é que a aceitação perpassa por todas. Não há momento de vida em que não haja angústia ou dor psíquica, ainda que a cada momento sejam qualitativamente diferentes. Ser feliz pressupõe conviver com a complexidade das contradições subjetivas e do mundo externo, aceitando-as e agindo com os recursos do presente.

Comte-Sponville (2005) desenvolve a ideia de felicidade a partir da desesperança, ou seja, pela possibilidade de usufruir o que se tem disponível no aqui e agora, abdicando da expectativa de que algo inexistente venha a ocorrer.

Defende a vida voltada para o real presente, em que a alegria, o prazer, o amor e a ação ocorrem porque se abdicou da esperança. Significa desejar o que se tem, o que se faz e o que se é – aquilo que não falta.

O autor chama esse estado de "felicidade desesperada", sem esperança, um processo dinâmico cujo caminho é o da desilusão, do conhecimento e da lucidez. Tais ideias estão baseadas na filosofia de Spinoza, para quem felicidade e sabedoria estão intimamente relacionadas. O sábio deseja o que lhe é acessível, não espera nada, ama, conhece e regoziza-se.

Para Spinoza, ao contrário dos platônicos, o desejo não é o que falta, mas potência de existir, de agir e de gozar. Utiliza a expressão "beatitude" para referir-se ao amor verdadeiro, ao real que é conhecido e à alegria advinda da sabedoria de saber viver, sem nada esperar.

Nesse sentido, a velhice poderia contribuir para a diminuição das expectativas e para o usufruto do tempo presente, pois a perspectiva de vida futura fica reduzida. Poderíamos compreender a impressão deixada em nós pelas entrevistas dos sujeitos mais velhos, de que são mais felizes do que os jovens. Sintonizados ao cotidiano, ao desejo possível, amando o autêntico e não esperando quase mais nada, estes velhos aproximam-se daquilo que Comte-Sponville (2005) chamou de felicidade desesperada.

De certa forma, o pensamento de Marías e de Comte-Sponville se entrecruza na ideia do viver autenticamente a cotidianidade. Os mais jovens estão muito aflitos, apreensivos pelo futuro e plenos de desejo pelo que lhes falta. O exercício da futurização é preponderante e as pequenas vivências do dia a dia perdem-se em um emaranhado de compromissos e obrigações. A alegria e o prazer do desejo conquistado esvaecem na esperança de dias melhores.

"Meu presente... meu presente também é bom, poderia ser melhor, poderia ser melhor. Eu gostaria que ele fosse melhor. Ao futuro: é bem relacionado ao presente. Eu estou buscando para que ele melhore, buscando muito, porque eu acho que está incompleto, estão faltando algumas coisas para me deixar feliz, você entendeu? Está faltando, está faltando". (Marta)

"O presente é assim, essa correria com os procedimentos, os afazeres e tudo o que, na verdade, não tem uma relação sentimental com nada, não é? É uma correria, por exemplo, hoje, no presente. O momento gostoso, legal, é quando na hora do jantar está todo mundo reunido e, depois, no fim de semana, quando eu consigo ficar mais próximo deles. É uma coisa que anteriormente deveria ser normal, ou seja, ficar junto da família virou um projeto de vida, agora é um projeto de vida". (André)

"Eu até comentei com uns amigos ontem, eu não sei, parece que fomos criados por princípios familiares, eu não sei se sociais, em que você tem de ser altamente produtivo durante 24 horas do seu dia. [...] Porque você se cobra demais, sabe? Principalmente pessoas que viveram em cidades como a nossa, em que tudo tem horário, tudo tem de ser muito perfeito, a sua *performance* profissional, você tem de ser a melhor dentro da sua área". (Lígia)

"Eu fico um pouco, assim... preocupada! Até mais pela minha idade, eu estou entrando no mercado de trabalho agora, com 34 anos, sendo que

nessa idade já deveria estar sendo gerente de algum lugar e tal e... tem essa pressão! De que o tempo está passando e você está meio parada aqui. Não sei se... meio aflitivo". (Alice)

Pode-se perceber que essas são falas significativas, pois explicitam angústias presentes relacionadas à pressão do sistema econômico por produtividade e resultados. O futuro é concebido como possibilidade de alívio das demandas do modelo socioeconômico e da própria autoexigência por melhor desempenho.

Por fim, poderíamos dizer que ser feliz está diretamente relacionado à experiência que se tem do tempo. O reconhecimento do passado como mola propulsora de constante aprendizado, o amor pelo presente possível e o olhar para o futuro como resultado da ação no mundo podem ser considerados elementos fundamentais para um percurso de vida com chances plausíveis de felicidade. Além disso, considerar que a cada fase da vida o conceito do que vem a ser felicidade muda, de acordo com novas percepções e ideias, que se vão constituindo em face às descobertas e vivências, é colocar o tempo como agente constituinte da experiência de ser feliz. Daí tantos ditos populares: "só o tempo para curar as feridas", "dê tempo ao tempo", "há um tempo para tudo", etc.

Considerando o que dissemos, é provável que a única generalização possível seja a de que todos buscam a felicidade. Encontrá-la depende do sujeito, de seu entorno e de sua disposição para conhecer, amar, agir e alegrar-se.

Considerações Finais

Concluir um estudo qualitativo significa, em primeiro lugar, reafirmar a originalidade essencial de cada sujeito e de sua história. Reler cada uma das entrevistas que compuseram esta pesquisa reabre outras tantas possibilidades de interpretação. Como, então, finalizar?

Desse paradoxo advém a ideia de relatividade em contraposição ao absoluto da finalização. Assim, vamos encerrar este trabalho mais pelo compromisso em fazê-lo do que pelo esgotamento de ideias e reflexões.

O que obtivemos a partir das entrevistas realizadas foram relatos vívidos e impregnados de experiências fundamentais. Os sujeitos dispuseram-se, abriram-se e entregaram-se à situação de pesquisa, demonstrando prazer em participar e comprometimento com o trabalho.

A indagação fundamental que fizemos no início referia-se a como os sujeitos, segundo a faixa etária, experimentavam o tempo em suas vidas.

O material obtido mostrou que os entrevistados mais velhos conseguem escolher e administrar melhor o seu tempo do que os mais jovens. Parecem mais livres para selecionar atividades de acordo com seus desejos e estipular os meios de realização em momentos determinados. Os atos cotidianos ganham importância na velhice, funcionam mais como fins do que como meios. O dia a dia é valorizado enquanto tempo presente de vida. A consciência da morte se intensifica e parece fortalecer o passado-presente em detrimento do futuro, apesar da angústia que desperta.

Na medida em que a maior parte do tempo de vida já escoou, e que muitos projetos realizaram-se, os mais velhos mostram certa indulgência com eles mesmos. O fazer aparece como usufruir, sem tanta preocupação com a produtividade. Trabalho e lazer têm o objetivo comum de alcançar prazer e bem-estar.

Lamentam os desatinos da humanidade e consideram paradoxal o desenvolvimento tecnológico: ao lado de facilidades no cotidiano e de incríveis progressos na área da saúde, aparecem armas com alto poder de destruição e a substituição do ser humano pelas máquinas.

Consideram que viveram bem e que puderam realizar bons projetos. O passado lhes é caro, pois parece servir de parâmetro para aferir a riqueza de suas vidas. Tal riqueza refere-se, via de regra, à qualidade dos relacionamentos que puderam construir. O tempo é precioso, sobretudo no que tange à convivência com as pessoas afetivamente importantes.

Os entrevistados mais jovens, por sua vez, estão envolvidos em diversas atividades em busca da subsistência e da realização profissional. Mostram-se angustiados com o presente pela falta de tempo para a convivência com as pessoas afetivamente importantes e pela ausência de satisfação pessoal e/ou profissional. Projetam no futuro a possibilidade de atenuar ou resolver as dificuldades do momento presente. Manifestam sentimento de culpa quando não estão fazendo algo considerado como produtivo, revelando uma autoexigência que parece estar relacionada às pressões exercidas pelo sistema econômico.

Seu cotidiano é, em geral, extenuante na medida em que há uma infinidade de afazeres, muitas vezes destituídos de significado subjetivo. Quando não há tantas atividades, ou mesmo quando existem momentos de lazer, pode aparecer o sentimento de culpa já mencionado.

Da mesma forma que os depoentes mais velhos, também lamentam o mau uso da tecnologia quando orientada para a guerra e destruição da natureza. Por outro lado, são usuários constantes do computador e da internet, usufruindo das facilidades trazidas pelo desenvolvimento tecnológico.

O passado lhes parece mais uma etapa vivida, mas ainda não lhes serve como referência de suas realizações. O futuro é o tempo por excelência, aquele em que se dará a realização dos projetos pendentes. A morte, via de regra, parece distante, anseiam pela vida.

Todos os entrevistados mencionaram que a experiência com o tempo também depende da vivência emocional de cada momento. Confirmam a ideia de que as responsabilidades da maturidade "apressam" a passagem do tempo, roubando o doce encanto das horas preguiçosas da infância e dos primórdios da juventude. Também foi dito que momentos tristes parecem durar mais do que aqueles alegres e festivos. A sensação corrente de que há falta de tempo ou de que o tempo passa rápido demais foi justificada pela vida nas grandes cidades, pela luta pela subsistência, pelos avanços tecnológicos, pelo sistema econômico e pela pequena durabilidade da vida humana. Assim, podem-se estabelecer relações, como foi feito na discussão, entre capitalismo, trabalho e novas tecnologias.

Finalizando, daremos destaque a algumas frases proferidas pelos entrevistados:

O homem experiente não é aquilo que ele fez, e sim aquilo que é capaz de fazer com aquilo que ele fez. (Pedro)

Eu tenho saudades do futuro... Eu corri mais que o trem, cheguei antes de uma viagem – do que o avião que ia me levar, como pode isso? (André)

Se [o tempo] fosse uma música fazia mais lento, calmo, nada de barulhento, viu? (Sara)

O tempo parece rock de metaleiro, agora eu gosto de rock. Então, mas é rock pesado, não é aquele rock dos Beatles. Já tive o meu tempo de adorar... (Vera)

Depois que eu fui mãe, o tempo pra mim passou muito rápido! (Marta)

A tecnologia é uma faca de dois gumes! Porque, ao mesmo tempo que te poupa tempo, ela te ocupa muito tempo também! (Alice)

O que a gente sente é que se perde muito tempo com coisas que não agregam valor. (Lígia)

No meu tempo, o tempo era amigo, era aquela passagem de um segundo para outro que você quase acompanhava, era quase físico, você poderia quase tocá-lo, dizer "é o meu tempo", agora vou pensar no que vou fazer... (Antonio)

Referências Bibliográficas

ARENDT, H. *A condição humana*. Rio de Janeiro: Editora Forense Universitária, 2003.

BAUDRILLARD, J. *Télémorphose*. Paris: Sens & Tonka Éditeurs, 2001.

BOGDAN. R.; BIGLEN, S. *Investigação qualitativa em educação* – uma introdução à teoria e aos métodos. Porto: Porto Editora, 1994.

BOSI, E. *Simone Weil*: A condição operária e outros estudos sobre a opressão. São Paulo: Editora Paz e Terra, 1996.

BOSI, E. *Memória e sociedade*. São Paulo: Companhia das letras, 1998.

BOSI, E. *O tempo vivo da memória*. São Paulo: Ateliê Editorial, 2003.

BOURDIEU, P. *A miséria do mundo*. Petrópolis: Editora Vozes, 1999.

COMTE-SPONVILLE, A. *A felicidade, desesperadamente*. São Paulo: Martins Fontes, 2005.

CUNHA, A. J. *Psicodiagnóstico-R*. Porto Alegre: Artes Médicas, 1993.

FREUD, S. *Obras Completas, tomo III*. Madri: Editorial Biblioteca Nueva, 1973.

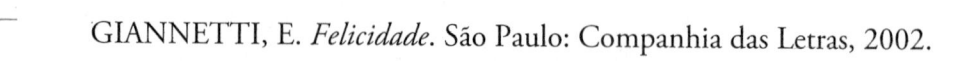

GIANNETTI, E. *Felicidade*. São Paulo: Companhia das Letras, 2002.

HEIDEGGER, M. *Ser e tempo*. Petrópolis: Editora Vozes, 1996.

MARCONI, M. A. & LAKATOS, E. M. *Técnicas de pesquisa*. São Paulo: Editora Atlas, 1999.

MARÍAS, J. *A felicidade humana*. São Paulo: Livraria Duas Cidades, 1989.

MARÍAS, J. *História da filosofia*. Porto: Edições Souza e Almeida, 1959.

MILLAN, M. P. B. *Tempo e subjetividade no mundo contemporâneo – ressonâncias na clínica psicanalítica*. São Paulo: Casa do Psicólogo, 2002.

SANTOS, M. *A natureza do espaço*. São Paulo: Edusp, 2004.

YIN, R. K. *Estudo de caso* – Planejamento e métodos. Porto Alegre: Bookman, 2001.